強くて優しい会社

人と組織の潜在能力を活かす、現場の人事デザイン

末永春秀

BRING OUT AN ABILITY WITH HELP FROM HR PLATFORM

HARUHIDE SUENAGA

CROSSMEDIA PUBLISHING

まえがき ――「あるべき論」では意味がない現場のマネジメント

強い会社とは、社風が伸び伸びとしていて社員の仕事に主体性があり、しっかりした価値観を持ち、結果として利益を出し続け、社会になくてはならない存在となっている会社である。そして優しい会社とは、人材を大切にし、難しいことも力を合わせて乗り越える一体感があり、働きがいを感じることができる会社である。「強くて優しい会社」とは、規模の大中小を問わず、このような会社と私は考えている。

これを理想と言われればそれまでだが、理想を目指さない限り「強くて優しい会社」には近づけない。

そうなるために、**この本では経営論として人事を取り上げた**。経営で優先すべきメインテーマはその時々で変わる。現在、人事を取り巻く環境に、「パラダイム・シフト」と呼ぶべきかつてない大きな変化が起こっている。こうした環境にある今、人事は経営の最優先テーマと言える。大きな変化とは、①働く人の価値観の変化、②働き方の変化、③採用の変化、④定着の変化である。私はこれを「人事の4つの変化」と呼んでいる。

この4つの変化の背景となる大きな要因は、1つ目は人口構造の変化である。厚生労働省の『労働統計要覧（平成28年度）』によると、この10年間で生産年齢人口（15歳から64歳）は727万人も減少している。そのうち421万人はこの5年間での減少である。421万人という数字は、大阪市と神戸市の人口を合算したものに相当する。18歳から60歳までの企業の実質的な採用対象となる人口が減少していて、特にこの5年間の減り具合を見ると驚かされるが、2025年にはさらに597万人が減少すると推計されている。採用が新時代に入ったのである。反面で、65歳以上の人口はこの10年間で828万人増えており、2025年の推計ではさらに262万人増えて高齢化率30％に達する。高齢者層の増加は、今後、企業での活かし方が課題となることを示している。

変化の要因の2つ目は、技術の革新である。歴史的に技術の革新が産業と社会の変革を牽引してきている。それまでの仕事は減少し、今までなかった新しい仕事が出現し定着した。現在も、新しく出現する仕事が起こり始めている。現在の仕事がすぐになくなるわけではないが、IoTやAIをさまざまな機器に組み入れたテクノロジーの力で、仕事は人間の労力を少なくする方向に動き、知力の比重が高まる。社会の中で、求人では人が足りないという現象があり、他方ではその仕事に人間の労力がいらなくなって人が余るという現象が、同時に起こっている。

３つ目は情報の即時拡散である。スマートフォンなどで、誰でも、いつでも、「調べる・知る・発信する・共感する」などを瞬時に行うことができるようになった。リアルとネットが全く別の世界で動いている。そして、情報がネットで即時に拡散し、独り歩きして、良くも悪くも拡がりが加速化する。一人で情報と向き合い自由に発想して、自分の考えを形成する時代である。個化がより一層進むだろう。

４つ目は、市場と労働力のボーダレス化である。マーケットがボーダレス化して、売上高の海外比率が大きく高まり、今や日本よりもグローバル・マーケットで企業名が知られている会社は珍しくない。また社員数が国内よりも海外のほうが多いという現象は一般的になっている。このボーダレス化はマーケットだけではなく、海外の労働力を国内に入れて仕事がようやく成り立つ職種が増えてきていることに通じる。

このような大きな要因が直接・間接に影響して、４つの変化につながっている。この変化は、近年、特に顕著になってきているが、変化はまだ始まったばかりで、これからますます大きくなっていく。この4つの変化は、企業の生き残りを左右する。
4つの変化の一つひとつに対して、それぞれに施策が必要であるが、その施策の前提として、経営幹部および管理者の「人事に関するマネジメント」の意識と仕組みを変えなければいけない。なぜなら、どんなに優れた施策を実行しても、現場のマネジメントに一定の品質が確保されない限り、行われた施策の効果を出せないからである。そのため、人事に関するマネジメントに、今までとは異なる「現場の視点に基づく仕組み」が必要ではないかという問題意識を強く持ち続けていた。

私は経営コンサルタントとして、事業・組織・人事をドメインとするコンサルティングに取り組んでいる。今日まで、社員・管理職・経営幹部・トップマネジメントそれぞれの立場を経験し、そして現在は経営をしている。

経営とコンサルティングの両方の体験で得たものは、「経営が良くなるためには、人材が良くなることが必要であり、人材が良くなるためには、現場の人事マネジメントが良くなる必要がある」というシンプルな原理である。そして、人も組織も必ず良い方向に変わるという信念で仕事をしている。そのため、私のコンサルティングテーマの基本には、いつも人材育成の視点がある。

実際のコンサルティングでは、経営と人事に成果が出たことを多くの経営者からご評価いただいている。例えば、赤字だった企業が理念と業績の意識改革によって難易度の高い課題をクリアするように変化し、黒字になっただけでなく高い成長性が見込めるようになった。あるいは社内での人事戦略の構築と社員の基本行動の教育が連動して意識が変わり、不平不満がなくなり主体性が出てきて売上高と利益が倍増した。そうした例は数多くある。

もちろんこのような成果は、あくまでその企業の内部の主体的な努力によるものであり、私はそのご支援をさせていただいたに過ぎない。ご評価いただくことはありがたいことであるが、一方で、このような成果につながったことをどのようにして普遍化するかということをいつも考え続けていた。

ある日、長時間のコンサルティングの帰りの電車の中で、その日の討議内容を振り返っていた時だった。ハッとする気づきが起こった。

実際のコンサルティングでは、ご依頼は「人事制度改革」という単一テーマであったとしても、それを組み立てる過程では、人事制度を導入し、運用で成果を出すために必要な関連テーマを詳細に討議している。それは、経営理念に始まり、人事考課は当然のこと、人材育成、教育研修、組織のあり方、働き方改革、生産性、そして、人としてのあり方などをあらゆる角度から複合的に、本当に真剣に、繰り返し繰り返し議論を戦わせている。

人事という体系的な仕組みを組み立てるのに、これだけ多くの角度から討議をして人事制度に仕上げているのだから、それそのものを普遍化することが必要だ、と気づいたのである。現在、私がやっているように組織人事を多様な角度から検討して、現場の人事マネジメントの考え方と仕組みを根本的に変えないと、これからの大きな変化に適応できないことが肚に落ちた。本当に衝撃的な気づきだった。

それから、コンサルティングで実際にやっていることを組み立て立体化することに不退転の決意で臨んだ。しかしこれは思いの外、簡単ではなかった。それは、現場の人事について関連するポイントが多すぎるという点や、現場のマネジメントは人もお金も含めてあらゆるものがないもの尽くしの中で取り組んでいるのが実態であり、あるべき論だけでは意味をなさないという点があるからである。

試行錯誤しつつ完成までに随分と葛藤した。仕上がるまでに時間がかかったが、何のために、どの階層に、どのようなフェーズで効果を狙い、それが成果につながるか、というポイントで構築したものが、本書で詳述する「現場の人事デザイン」である。

これは管理者の人事マネジメントをバックアップする仕組みとして考えたものであり、この仕組みを実際に導入することによって、経営改善に確実につながっている。結果としてわかったことは、現場にある潜在能力を人と仕組みを通じて引き出すことができるという点である。単に成果が出たのではなく、社員が主体的に仕事に向かうようになり、結果として潜在能力が引き出されて成果に結びついたのである。

現代は、経営者や経営幹部が、今まで自分をモチベート（動機付け）してきたファクターでは、管理者すらも、まして社員もモチベートできなくなってきているのが実情である。何のために仕事をするのか、それを語る人たちの目が輝くポイントやタイミングが実に多様になっているとつくづく思う。「管理者になりたくない」という意見は、業種・規模・職種を問わず全国で共通している現象である。これは世代の現象ではなく、経営が招いている課題なのである。

これから大きな変化がいくつも複合的に重なって、現在から２０２０年代にかけて人事は激動の時代が来ると私は推測している。そのために、経営の現場で活かせる人事の考え方と仕組みを再構築する必要がある。これからは、現場で社員に対して行う人事力が鍵である。このことへの提案が本書の目的である。会社は、考え方と仕組みによって「強くて優しい会社」になれるのである。

本書の内容は、私が実践してきたことをベースにしており、決して空理空論ではなく、正真正銘のたたき上げの経営実務書である。経営のあらゆる機能の根源は人事であり、「今までの経営の人事」から「これからの経営の人事」へと大きなパラダイム・シフトが起きている。経営者はもちろんのこと、幹部、管理者、そして社員の方々も、それぞれの立場を超えて、これからの会社のあり方を未来に向けてフラットに考えていただくことを心から願っている。

強くて優しい会社

目次

第2章　これからの経営——人事のパラダイムが変わる

第3章　経営の未来をつくる「現場の人事力」

第4章　社員一人ひとりの「稼ぐ力」を生み出す

序章　経営の根幹は人事力である

「問題の連続が経営」

これは、私の実務コンサルタントとしての経験の中で多くのお客様に接してきた実感である。とにかく経営というのは、問題、問題、問題の連続である。

人が、正しく意味のある目的に向かって経営目標を達成し続けるということは、大きな労力を必要とするが、社会的にはとても重要な営みである。その経営を成長発展させていくためにあらゆる仕組みをつくり、力の限り努力をしていても、取引先・仕入先・販売先・社内を含めて、常に課題があり、また問題が起こっているのが実態である。それも日々、いろいろな問題が起きている。これでもかこれでもかというくらいに問題があると言っても過言ではない。

すでに伝統も実績もあり、現在、素晴らしい成長をしている経営であっても問題は起こり、さらにそれを課題として乗り越えて次への成長を目指している。また今、力を蓄え、これから伸びていくという段階の経営であっても、問題に鍛えられ、それを課題として乗り越えることで成長している。

1　経営に問題はつきもの

あらゆる問題は、突き詰めると「人」に行き着く

私が実務でコンサルティングをしていると、順調に成長し頭が下がるほど努力している経営であっても、ご相談を聞いていると問題というのはあるものであり、起こるものだというのが実感である。常に、問題はあり、問題は起こる。なぜなのだろうとつくづく思う。

ある時、問題の渦中にある経営者に「**経営に問題はつきものです**」と申し上げたら、パッと表情が明るくなったことがある。問題の連続に悩む経営者にとっては逆転の発想に近かったようである。

私は、単に「問題があることが悪い」という指摘をしているのではない。経営を前に進めていく、事業を切り拓いていくという意味でも、問題というのはやはり起こるものであり、また、問題は高い視点から見れば見るほど逆にあるものだというのが実感である。

私はこの35年間、経営コンサルタントとしてお客様からさまざまな問題についてのご相談を

依頼されるたびに、その原因に何があるのかと常に考え抜いてきた。ご相談に的確にお答えするにはいろいろな角度から考えなければならないからである。

例えば、「人事考課が実態に合っていない」「基本的なことが抜けて大きな問題になっている」「部門間の連携が非常に悪く利益率に影響が出ている」「品質維持の仕組みはあるが継続性がない」「理念に反するようなことが表面化して困惑している」「重要な報連相が途切れる」「新規事業が立ち上がらない」など実に多くの問題がある。それぞれの問題ごとに仕組みや方法を変えるなど、いろいろと対策を講じなければいけないことはあるが、そのもっと奥に大きな原因が見えている。

それは、**いずれの問題も、元をただせばその根底には必ず「人」の問題が存在する**ということである。

人が集う営みである以上、その根源は人だということは頭ではわかっていても、大きな問題になればなるほど、そのことを痛感し、再認識させられる。つまり、その大きな問題は、人が育っていれば起こらなかったことであったり、防ごうと思えば人が防げたことであったり、人から人に上手く連携していれば起こり得なかったことだったりするのである。

だから、社員10人の会社には10人の問題、１００人の会社には１００人の問題、１０００人の会社には1000人の問題がある。あらゆる問題を突き詰めていけば、すべて人に行き着くと痛切に感じる。

人材の変化に適応できる会社、できない会社の違い

この「人」の問題も、組織の成長段階に応じて対応が変化する。成長の段階とは、「管理者も未熟だが、幹部そのものの課題が大きい段階」「幹部はある程度育っているが、本格的に管理者を育てていく必要があって、そのために管理者教育の内容を変えていく必要がある段階」「幹部・管理者もある程度育っているが、社員との関係に課題が大きい段階」などである。またそれぞれの段階に適応できる人材、適応できない人材への処遇の課題などもある。その時々の経営の成長段階で人材を見る視点は変わる。

この人材の問題を課題として先行させることもできるが、人の問題というのは予期しないところから予期しないようなことが起こってしまい、その対策に頭を悩ますというのがほとんどだろう。もしくはある程度、想定はしていて具体策を講じたりして手は打っているつもりでも、起こってしまってからでないとわからないこともある。人の問題は、打つ手の効果が読み切れないものである。

だが、〝人材について変化に適応していく的確な考え方を持っている会社〟は、仮に問題があったとしても、そこから何か成長の課題を見つけて新たな仕組みにつくり変える。また、それを発生させた企業体質を変えていくための前向きな行動を取ることができる。そうすることで、将来もっと大きな問題にならないように成長課題に切り替えることができるのである。「問題よ、ありがとう」というプラス発想をして、「**あの時、あの問題があったことが結果として起こったかもしれない先々の問題を防いだ**」というのは後になって実感することである。

しかし、〝人材に対して適応が未成熟な会社〟は、当面の対処はするものの「問題」を「成長課題」にすることができず、時としてその場しのぎで終わってしまう。その場しのぎも必要なことではあるが、人の問題というのは繰り返すものであり、問題がさらなる問題を引き起こすのである。

これは問題発生の経験を活かしきれない体質と言わざるを得ない。**人に対する考え方が、まさに経営に直結するのである。**

2　人材育成のトータルな仕組み力が必要

経営の根幹は「人事力」にある

問題の根本に人があることから考えれば、変化の大きいこれからの経営で、「人材に対して、どのような考え方でいかなる人事施策を講じていくか」が非常に重要なテーマとなってくる。つまり、経営の問題の根本には人があるが、言葉を変えれば、人材に対して根本的な対応ができれば大きな成長要因になるということを示している。

その意味で、経営の根幹は、「人事力」にあると私は考えている。経営の成長は、「人材の成長」×「資本の成長」×「商品の成長」によって実現するが、その最大のエンジンは人材であり、主体的に働ける人材がいればどのような困難も乗り越えることができるし、どのような成長もつくることができるのである。

では、**いったい人事力とは何を指すのか。**それは、「**人材の持つ主体性と潜在能力を現場で最大限に引き出して発揮させる力**」だと考える。わかりやすく表すなら「引き出す力」とも言える。ただ引き出す力と言うと、引き出すことがゴールになるようなイメージがあるので、ここでは「引き出して発揮」という効果レベルまでマネジメントする意味で人事力とする。

これは人事部が担う役割とは異なり、「強くて優しい会社」を共につくり上げていくために、現場の管理者が人事に関するマネジメントで発揮する力のことを指している。その効果が上がるように全社的かつ立体的な仕組みを組み立てれば、管理者の力が発揮され、社員が主体性を持って働くことができるようになるのである。

この人事力が、今を含めた将来の変化にも適応できるようになっていることが重要である。

主体的に働くことで人は変わる

人が主体的に働くようになると、さまざまな変化が起こる。例えば、営業である。

おとなしそうなある20代半ばの営業部員がいた。彼になぜ営業しているのかと聞いた時、数字のためと言う。営業という仕事は数字が一番大事なものだという理解なのである。そこで私は彼に「数値は大事だけど、それを目的にして営業の仕事をすると苦しくなる。目的はお客さんに喜んでもらうことではないか」「お客さんは商品やその価格の魅力もあるが、それ以上にあなたを信頼して買っていると思うよ」などと、数値の持つ意味と仕事の目的について伝えた。

2年後、すれ違った時に挨拶をしたら、とても元気そうだった。そばにいた経営者が「大きな契約を取ってくれてとても頑張っています。本当に成長しましたよ」と言った。社員の方も経営者も嬉しそうだった。素晴らしい瞬間である。**その人が持っている潜在能力に何かのきっかけを与えることができれば、能力を活かす方向性が定まる。**その方向性は、儲ける・稼ぐではなく、誰かの役に立つことである。お客様の役に立つように働いて信頼を得るからこそ、売上が生まれるのである。

このことは営業に限ったことではない。30代半ばの現業部門のある管理者も同じように変わった一人である。

彼女は朝の挨拶もろくにせず、現場のパート従業員ともほとんどコミュニケーションを取ることがなかった。ところが、私が管理者の学習会で管理者の喜びと目的を繰り返し事例を交えて伝えていったところ、次第に彼女の話を聞く時の目の色と姿勢が変わっていった。**人が主体的になると、まず自分で調べたり本を読み始めたり、学習し始めるようになる。**指名して意見を述べさせても今までなら言わなかったようなことを言うようになる。質問を求めると、積極的にするようになる。その質問のポイントも核心をついてくるようになるのである。さらには現場のパート従業員にもどんどん大事なことを伝えるようになっていった。してもらった仕事に対してお礼を述べるようになり、挨拶もするようになった。その会社の経営者は、「変わるものだね」と目を丸くして驚いていた。

これらは何か新しい能力が突然外から授けられたのではなく、適切なマネジメントによってそれぞれの人材がもともと持っていた潜在能力が発揮されたから起こったことである。

良い経営は「人事のイノベーション」から始まる

今、経営を取り巻く人材の環境に変化が起こっており、今後もさらに続くだろう。その大きな要因の一つに、「働く人の価値観の変化」がある。働く人の価値観の変化によって、今まで会社で行われていた組織の中での行動のあり方やマネジメントの方法やお客様への対応の仕方まで変わってきている。

例えば、重要な報告に関して、重要度の優先順位がほとんどなく、どれも同じ報告と理解している。また、お客様への対応について、まず自分があってお客様があるので「お客様のため」という感度が育ちにくく自分で考える合理的な対応をしてしまいがちになっている。さらにチームワークについて、相手や周りに協力するよりも、まず、自分にしてもらったかどうかを優先するというようなことがある。価値観の変化に適応していくには、組織の制度もマネジメントも今までと同じでは通用しないため、変わらなければいけないのである。**この価値観の変化は働き方の変化にもつながり、採用という人材の入り口に大きな影響を及ぼしている。**そして転職という人材の流動性にも影響して、定着に変化をもたらしている。

こうした変化に対応していくためには、経営の根幹である人事を、過去の延長ではなく次の次元に乗せないといけない段階に来ている。もう旧来の人事では対応できない。かといって流行りの人事施策は、できることとできないことがあり、むしろできないことのほうが多い。人を育てるという経営の王道を前提としつつ、現場が活性化する人事はどうあるべきかという見方が必要である。

そのためには、経営理念と連動している人事理念・人材像・人事制度・人事施策というものについて、今まで組み立ててきたものを根本から見直し、再構築することが検討されなければいけない。これこそが「人事のイノベーション」のスタートだと私は考えている。

すでにここ数年、人材をめぐる環境と旧来の人事の乖離は明らかになっており、2020年以降は人事の激動の時代に入るだろう。今のうちに手を打って変化に適応していくことが経営の重要な舵取りになる。今までの人事は今までの人的環境の下に形成されていたが、人的環境に大きな変化のある時は、それに応じて組み立て直さなければいけない。そして、その人事はこれからは経営そのものを左右する直接的な要因となるのである。それは改善を超えるほどの改革でなければいけない。しかも、その改革は実務的にできることで、なおかつ経営に効果が出る、そういうイノベーションである必要がある。

人事の5本柱

経営理念については、近年、その重要性が強調されてきた結果、しっかりとしたものを掲げている企業が非常に多くなっている。現代の一般的な経営においては、経営理念を持たない企業のほうが少ないと感じられるくらいになってきた。

もちろん、その浸透度合いを個別に見ていくと、企業によってばらつきはある。しかし、経営理念を持ち、それをベースに会社を展開させていくことが重要である、という認識は高まっていると言える。

企業が人事力を向上発展させていくには、経営理念の価値観を敷衍《ふえん》しこれからの時代の変化を先取りした「人事の理念」を構築していることが重要である。またその上で、人の価値観が多様化していく中で、どのような人材が集って仕事をするかという「人材像」を描き、そして変化の大きい時代に具体的にどのような「人事制度」を構築し、実際的な「人事施策」が経営にとっても社員にとっても意味があり効果的かを、将来展望を基に組み立てる必要がある。

すなわち、**①経営理念、②人事の理念、③人材像、④人事制度、⑤人事施策、という「人事の5本柱」**が一体となり、緊密に連動していることが必要だと私は考える〈次ページ図表１〉。①はしっかりしていても、②や③が明確でないという企業は多く見られる。これら5本柱がこれからの「ありたい姿」「ビジョン」に基づいて人事の考え方と制度および施策の関連性に明確な意味がある企業は、社員や応募者への説明ができるが、一部が欠けている企業はもちろん、意味の連動が取れていない企業は、一つの施策の改定にとどまってしまってどこかで矛盾が生じ、ひずみができてしまう。

例えば、一定の期間に成果を出すことを求める成果主義を方針とする場合に、単に成果さえ出せば良いのではなく、自社の求めている人材はこのような人材であり、なぜその成果をつくる必要があるか、それによってどのような将来が実現できるかの連動性が肝要である。また、働き方改革の一環として子供を育てる社員のための施策を打ち出すと、単身の社員から不満が

図表1　人事の5本柱

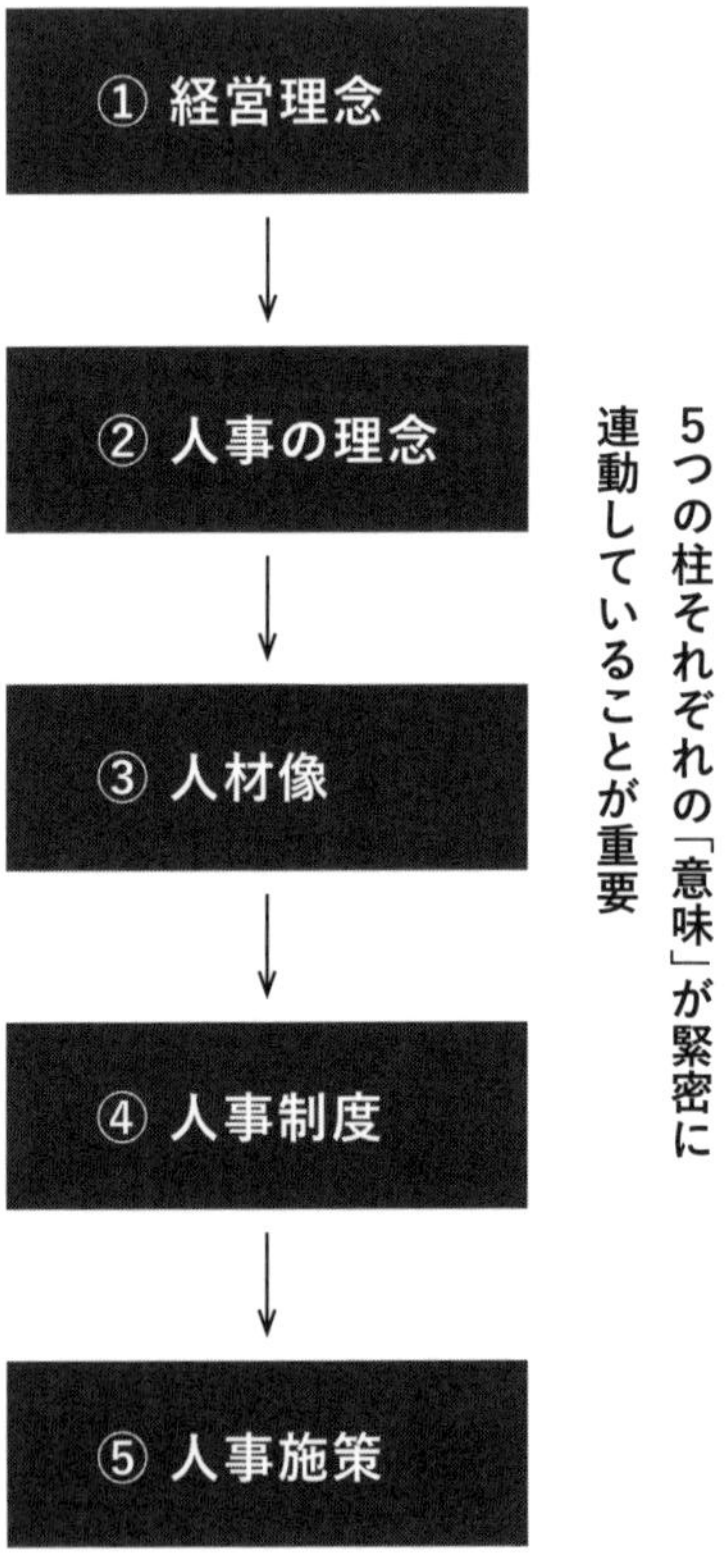
①経営理念
②人事の理念
③人材像
④人事制度
⑤人事施策
5つの柱それぞれの「意味」が緊密に連動していることが重要

出る企業もある。つまり施策が有利不利でしか捉えられないのである。人材に関する考え方の基本的な点に偏りがあれば、それに基づく人事施策も行き詰まるのである。

後の章で詳述するが、例えば、経営理念で「お客様満足」や「社員の幸せ」「社会に貢献する」といったことを謳っている企業が、人事の理念としてどういうものを持っているだろうか。「公平な評価をする」、あるいは「頑張った者は頑張っただけ評価する」という思いを経営者が持ってはいても、ほとんどの場合、人事の理念というものにまでは昇華できていない。経営層の発言としてはあっても、明文化もされていなければ、社内での共有化もあまりなされていないのである。こうしたことが、人材像や人事制度・人事施策についても言える。

「5本柱」が一気通貫した流れになっているか

人事は常に経営と共に変化する。これまでも、年功主義、能力主義、実力主義、成果主義などその時々の経営に必要な考え方が指摘されてきた。現在は、企業ごとに多少の強弱はあるが、これらの要素が組み合わさっている。今までも人材像・人事制度・人事施策は時代と共に組み立てられてきており、社員の価値観という点では、もちろん幅はあるにしても今ほど多様化していなかった。あるいは、価値観は多少の幅はあったが、働くスタイルは同一であった。しかも人事はすべて組織のトップダウンで行われたと言ってもよい。

ところが、働く人の価値観が多様化してきて、働くスタイルも、将来のありたい姿も、収入もライフサイクルも「自分はこうしたい」「自分はこうありたい」という考えがあることが世代によっては一般的になっている。「共稼ぎという感覚ではなく、これが自分たちの働き方」であり、「収入はそれほど増えなくても自分の時間を大切にしたい」「会社は嫌いではないが管理者にはなりたくない」という人が今は普通に存在している。**経営における人事のベースが根本から変化している**のである。このような時代には、目指す人事の方向性について社員目線・管理者目線・経営目線で、深く討議し柔軟に発想し、細やかに運用しなければいけない。

まずは人事の理念があるかどうか。なければ作成する必要がある。人事が目指すビジョンであり、人事制度・人事政策の源となる価値観である。改めて人事の根本を考える機会になる。すでに人事理念がある場合は、従来の人材の質や人材構成の時のままになっていて、現在の多様な人材、人材の能力、人材構成に合っていて、成長の可能性を感じることができるものになっているかは検討ポイントである。

また、現場を踏まえて実際に人事理念を目指そうと考えている内容かどうかも重要である。

人事理念や人材像は、きれいごとではなくその企業の本気度が伝わる内容になっている必要がある。本気度とは、社内および社外においてそれを具体化する意思である。社内から見た時に、時間はかかっていても近づいている、時間はかかるかもしれないが近づくだろう、まだまだできていないが目指していきたいと思わせるものである。

人材像については、これが社員にとって大きな影響を持っていることを確認しておきたい。その企業で働く上でどのような人材になることに意味があるかは、重要な関心事である。良き伝統は、働いている人から人へつながっていくのと同じように、人材の期待像も現在から将来へつなげるものだと示していく必要がある。そして、それは今の時代の価値観に適応できるものであると共に、自社の明確な価値観であるから、揺るぎないものであることが重要である。

人事制度については、まず、骨格となる等級（ランク、グレード、ステージなど）制度の基本的な考え方は、人事理念や人材像の基本思想が反映されたものになる必要がある。その上で社員の意思が反映できる仕組みを入れて、人材の処遇が多様にできるようにする。そして、人事考課を組み入れ、それに社員の適性の判断の仕組み、今までのあらゆる人材情報のデータベースを組み込んで、これから活かせる能力の総合評価ができるようにする。この人事制度については、各社が実情を踏まえつつ、今後、経営としてどうありたいかの展望の下で設計されることになる。これらの点に企業固有の人事ロジックの独自性が表れる。

また人事施策については、人事理念・人材像・人事制度以上に、社員に具体的かつ直接的に関係するものである。例えば、有給休暇の消化に関する通達、在宅勤務に関する施策、出勤時間に関する取り扱いなど数多くあり、人事の具体化の最たる場面である。

これらの人事施策が、男性中心で女性の視点が入っていなかったり、一律的で現場の実態を踏まえていなかったり、形式的に方針を示しているが実際はできる可能性が低いなどの状態になっていないかである。この人事施策が社員の主体性を刺激して、働こう、稼ごう、貢献しようと感じられるものかどうかに大きな意味がある。その施策は全社員にいろいろな意味で関係するものであるだけに、公平感やコストの面でその時々にできること・できないことがあるが、実行しようと思えばさしたるハードルではないのに、要は立案・具体化力が欠けるからできないようなことが問題なのである。


どの企業も、「人事の5本柱」について、時代の変化の中でさまざまに考え、あるいは表現しているはずだが、最終的にこれらが意味として一気通貫した流れになっているかどうかが大切である。そしてこれらをもう一度つくり直し、組み立て直すことが「人事のイノベーション」のスタートであり、良い経営の根幹をつくる素になるのである。

全社的な「人事の理念」を持つ

私が経営コンサルタントとして人事コンサルティングをする際には、まず社内で「人事の5本柱」について説明をした上で、人事の理念について議論して経営層やプロジェクトメンバーで共有してもらうことにしている。というのも、社内の幹部の間でも、今までそのような討議をしておらず、人事の理念の捉え方がそれぞれ違うため、まずはその方向付けをすることから始める必要があるからである。それはその先にある人事制度をトータル的に組み立てる場合に、目指すべき価値観のベクトルが同じであるべきだからである。

また、「これから人事の理念を会社でつくりますが、皆さんが大切にしている価値観を言ってください」と私が問いかけて意見を聞くと、製造は製造の、販売は販売の、物流は物流の観点で、「現場の責任者」の視点から意見が挙がってくる。実務の責任者であれば当然とも言える。しかし、この部門最適の視点を「全社的な人事の理念」の視点に捉え直して組み立てていかなければならない。全社の人事理念として組み立てておかないと、部門最適人事になってしまうからである。

「これから自社の経営理念に基づく人事の基本方針はこうしていくのだ」ということは、幹部で共通した基盤として持っておくことが、多種多様な人事の問題について判断軸がぶれないようにする上で必要である。だから、これについてはトップを含めた幹部できちんと議論してもらうのである。**人の問題の判断の基軸は、価値観である。**この価値観が違えば結論は違ってくる。価値観とは抽象的なものであるが、判断に迷う時、優先すべき考え方の方向性という意味で共通の理解をつくる必要がある。

例えば、人事の理念として「一人ひとりが仕事をしている目的を理解し、自分の貢献度が公平に評価され、人間として職業人として成長する人事を目指す」とある。これなどは、一人ひとりに着眼している点は、理念として目指す意欲を感じる。貢献度の評価という点は、成果としないで貢献と表現している点に意味がある。自分なりにやっているだけでは意味がないのである。また、人間として職業人としての成長というのは容易なことではないが、社員に対して仕事さえできれば良いのではないというメッセージを打ち出しているものとして意味がある。

あるいは人材像として、「社員一人ひとりの特性を見出し、良心を磨いて、社会に役立つ人間を目指す」とあるとしよう。一人ひとりの特性が何か、それを捉えることは容易ではないが、人事理念に掲げて一人ひとりの特性を見出して活かそうという方向性を示すことになるので、社内で「一人ひとりの特性」の理解が広がることが考えられる。また、良心を磨くということを目指せば、その良心とは何かは極めて幅広いが、人間の持つ本然的なものと考えて、各自の持っている良心を磨く人材になるためにはどうするかを考えるきっかけになる。

こうしたことを「人材像」「人事制度」「人事施策」についても議論してもらい、経営者と幹部の間にある意識のズレを埋めていくのである。その時には、これらの中身が「会社が求める価値観」そして「働く人の価値観の変化」にも適応したものになっているかどうかを点検することが欠かせない。そもそも「人材像」「人事制度」「人事施策」がないのであれば、きちんと議論して組み立てていくことである。

企業哲学は不変でも、方法論は変わる

もちろん、時代に合わせて変えるべき部分もあれば、時代がどのように変化しても変えてはいけない部分もある。人事理念や人材像は、その経営の基盤を支える人に関する人材育成のビジョンにつながるものであり、どんな時代になろうとこれだけは譲れないもの、すなわち企業

の哲学につながるものである。だからそう変わるものではない。こういう人材の集まりでありたい、こういう人材であって欲しいというのが人材像である。その人材像に示してあることは、日々のいろいろな問題が起こるたびに伝えられて価値観に育っていく。

例えば、お客様を大切にする人材ということは、いつの時代でも変えてはいけないことである。しかし、お客様が少なかった時、それから極めて多くなった時、その大切にするやり方は変わってくることもある。手づくりで一人ひとりお客様を大切にできた時代から企業として成長し手づくりが難しくなると、組織として大切にするという方向性になるだろう。お客様を大切にする根本は変わらないが、方法論は変わるだろう。しかし、組織としてお客様を大事にするという理解をしている人材が、真にお客様を大切にするということを理解しているかというと、案外そうではない実態がある。

「お客様を大切にする人材」という人材像は不変だし変えてはいけない。もちろんそれを現場に浸透させていく難しさはまた別なのだが、そのような人材像があるからこそ、どうあるべきかの議論は営業施策としてだけでなく、人材像として人事理念として教育することができるのである。これが全社的な人事理念・人材像の持つ意味である。

3　新しい時代の実力主義とは

何をもって「成果」とするのか

経営理念から人事施策までの「人事の5本柱」を時代に則した一気通貫の流れとなるようにするためには、現在の経営で求められている「何をもって成果とするか」を明確にすることが欠かせない。近年、人事制度を見渡すと、どの企業も「実力主義」を謳っているが、何をもって成果とするかによって、「実力」の捉え方が違ってくるのである。

戦後の高度経済成長、安定成長、バブル、低成長、リーマンショック、それからの経済変動、そして社会のさまざまな動きに関係して、経営と人事のあり方は明らかに変化してきている。

現在の企業経営は、人の価値観の多様化と共に、今までの一律的な仕組みの人事から「個を活かす」人事がキーワードになっている。それは経営者の集まりなどでよく話に出てくる人事の問題が、当事者である一人ひとりの考え方が多様化し、かつ社員の能力の開きが大きくなったことで起こっている問題だという意見からもうかがえる。

多様な考え方を持ち、多様な働き方をする人が集って、一つの大きな目的に向かって力を発揮していくためには、**「個を活かす」ことはもはや大前提**と捉えるべきなのである。時代がこれまでとは決定的に変化していることを、私は強く感じる。

そうした流れの中にあって、それぞれの会社で、「実力主義」とはいったいどんなものを指しているのか。それが今までの人事の基盤として機能してきた画一的なものさしで測るものであるなら、従来の実力主義の域を出ないのであり、これからの実力主義としては不十分なのである。成果の尺度を甘くするのではなく、その人が、その仕事で実力に応じてクリアすべき成果は何か、それを一律から個別に適応するような組み立てにして、個別の成果に向けてのモチベートはできているか、成果とプロセスの「認められ感」はあるか、総じて運用は軌道に乗っているかどうかである。これは単なる目標管理とは一線を画するものである。

人事の改革は経営をリードする

これからの時代に必要な新実力主義を導入するためには、その目的を全社で共有し、現在の仕事との関係で期待する個別の成果を確認して、どういう状態が適正に認められるのかを明確にすることが必要である。そして、モチベートについて上司と社員双方の工夫が必要である。

このように新しい時代に則した方法で、適正に認め評価していくことこそが、「社員を大切にする」ということの本質である。また、そうしたことを実践できる会社こそ、「優しい会社」だと言える。

本当の意味で社員を大切にする人事を行うためには、従来の実力主義や能力主義の中身をもう一度問い直す必要がある。

従来のものさしだけで実力を測る経営では、もはや時代に適合できないということは、企業の幹部の方々なら誰もが思っているだろう。しかし、残念ながら今までにない着眼で実際の人事制度・人事施策を見直し、変革できて成果につながっている企業は未だ多くないのが実情である。人事の改革は経営をリードし、他社に先んじて改革することができれば、一歩も二歩も先を行けるのである。

だから、具体的に何をもって実力とし、成果とするのか。それを測るものさしは、社員一人ひとりに向き合ってつくられたものであるべきだと私は考える。

勤務形態も異なる、知識スキルも異なる、発揮する能力も異なるといったことは従来からあった点だが、それを一律のものさしではなく真正面から捉えて、社員一人ひとりが、今の仕事で出せる成果は何なのか。一人ひとりの強み・弱みを勘案した上で、どのような成果をどれだけ出せるかということを、会社と上司と社員の三者がきちんと考える必要がある。

言い換えれば、現代は「**仕事を個別に設計しなければいけない時代**」と言える。仕事の内容について、何を成果と認識しているのか、それをどのように達成していくか、それをどういう働き方で実現するかを検討することである。こうした、いわば「仕事の設計」を、会社はもちろん、社員自身も主体的に考えて、一人ひとり違った個別の仕事を組み立てる**「ジョブ・デザイン」（Job Design）が必要な時代**になってきている。この「ジョブ・デザイン」は、私が多くの会社の現状をつぶさに見ていく中で練り上げ、組み立ててきた考え方だが、従来のＰＤＣＡサイクルによるマネジメントとは一線を画するものである。

「日常の仕事」にまでブレークダウンしていく仕組み

このように考えてくると、政府が旗振りをする「働き方改革」の本当の意義は、「労働時間を短くする」「時間外労働を減らす」「産休明けにいつから何時間働けるか」「働く場所をどうするか」など、働く時間や場所の課題はもちろんあるが、それ以上に本質は「仕事改革」であり、それは日常の仕事の設計とそれを実行する改革なのだと言える。

働き方改革の本質が「仕事改革」であるならば、日常の仕事までブレークダウンして考えることが求められる。だから、社員が100人いれば100通りの仕事があり、評価も100通りになる。そうして一つの部門、一つのチームのメンバー全員が仕事の設計をすることで、チームや部門において、限られた時間の中で一定の成果を出していくことを考えるべきなのである。

こうした考え方を持つべき理由は、今の時代の仕事は、一人で頑張って成果を出すようなものではないからである。チームなりペアなり、「人と人との組み合わせ」で成果を出すような時代になってきており、そのほうが限られた時間の中で成果を出しやすくなっているのである。チームの成果と個別の成果の組み合わせである。

複数人で結果を出そうとすると、それぞれのメンバーたちの仕事に対する方向付けや調整、コントロールをできる人が必要となる。基本的には職場の管理者がそれを担うことになるが、そうした現場のリーダーが、メンバーの意見も聞きながら柔軟に仕事を設計していくことが求められる。

一方でメンバーも、役職者からコントロールされるのを甘んじて受け入れるのではなく、

「**自分で自分の仕事をデザインする**」という意識を持って仕事の具体的な中身を考えていく。このような働き方をメンバー全員に徹底することができたら、そのチームの成果は必ず良いものになるはずである。

このように、経営理念を出発点にして、最終的に日々の行動変革にまで落とし込んでいく仕組みが、本書でいう「現場の人事デザイン」であり、その効果が「現場の人事力」である。これが確立できれば、必ず会社は良いほうに向かっていく。次章から、その真の意味するところを詳しく述べていきたいと思う。

第1章　今、現場で起きていること

本章では、今、現場で起きている経営の現状を確認しながら、とりわけ組織や人事のどのような部分に問題点があるかをあぶり出し、その原因を探っていきたい。

私自身がこれまで多くの会社の経営の実態を見てきた経験から、その原因には最近の環境変化に伴って起こっている、いくつかの共通点があることがわかってきた。その共通点の中でも、今とこれからの経営において組織および人事の観点で大きな課題と捉えるべき項目として、主に次の7つの点について述べていくこととする。

1　経営理念の浸透に形骸化が起こっている
2　社内のコミュニケーション効果が非常に出にくくなっている
3　外枠だけの働き方改革によって「仕事の矛盾」が起こっている
4　人事考課が実態に適応せず歪んでしまって、社員をモチベートできていない
5　これまでの人材育成ストーリーが崩れ、新しい育成ストーリーを描ききれていない
6　社員教育の柱が曖昧であり、社員のキャリア形成が形式にとどまっている
7　仕事の属人化が進み、同時に組織の縦割りが重なって部門間の連携を阻んでいる

1　経営理念の浸透に形骸化が起こっている

経営理念を掲げ浸透に努力しているが、なかなか浸透していない実態

序章で述べたように、経営理念を掲げ、それに向かって経営する基本スタイルは定着しており、ここ10年間で経営理念の重要性が特に強調されてきた。最近では大企業から中小企業に至るまで経営理念を掲げている。そして、朝礼や会議で唱和することなどを含めて理念を共有し、浸透を図っている会社も多くなっている。

経営理念は、その経営の最高の価値観であり考え方の羅針盤である。経営は人が集って目的に向かって努力する活動であるが、その目的の根幹をなす価値観が経営理念である。従って、経営の根幹となる価値観について経営者はもとより全社員が理解を深め、それに基づいて行動し、判断することが求められる。経営理念は目指すべき価値観であるが、それを基にした**日常的な考え方や判断および行動の指針として「経営フィロソフィ」がある。**京セラフィロソフィや、リッツ・カールトンのクレドなどが代表的な例であろう。

この経営理念や経営フィロソフィは、「浸透」、つまりそこに示している価値観の理解を共有し、行動や判断の指針として活用することを指し示しているもので、経営の要諦である。このことのために経営をしていると言っても過言ではないほど重要である。だから、今までも現在もこれからも理念浸透の活動は継続的に行うものであり、手を緩めてはいけない。

経営の諸問題はこれに反するために起こっており、**浸透すれば問題は最小化すると共に、今以上に経営が高次元化する。**従って、経営者全体として「どうしたら浸透するのか」という問題意識は高い。ここで言う「経営理念が浸透している状態」とは、社員が理念の意味するところや自らの仕事と理念とのつながりを理解し、理念を基に判断し行動できていることを言う。

しかし、浸透している状態をつくることは容易ではない。実態を見れば、経営理念を浸透させる努力そのものが十分かどうか、浸透のための仕組みはしっかりしているか、全社員のどの範囲まで浸透しているかというと、まだまだ不十分な会社が多いというのが私の実感である。だから、経営理念が浸透していると胸を張って言える経営者は少ないのが実情と言える。もちろん、企業の細かなところまで浸透しているという実感のある経営もある。しかし大半は「浸透に努力しているがまだまだ」というのが多分正直な思いだろう。起こっている問題、抱えている課題を考えるとそう判断せざるを得ない。

まだ浸透していないと言っている中でも、浸透に努力をしている経営者ほど「浸透していないのが悩みだ」と感じており、次の成長ステージを高く目指せば目指すほど、理念の真髄の理解と浸透の状態を高く捉えている。今までの理念浸透のたゆまざる努力が結果として企業の体質を変え、企業風土を変え、大きな成長要因になる。だから浸透を広げ深めるために経営者から社員に至るまで理念の浸透の状態を高め高めに目指していくことが重要である。

経営理念の浸透については、誰も形骸化させたいと思っているわけではないが、経営の現場で形骸化は起きている。それはどんなことか。これには主に３つの点が挙げられるだろう。

形骸化の１つ目は、経営理念として掲げてあるが、形式に過ぎず上辺だけの価値を示しているに過ぎないことがある。例えば、「社員数が多くなって浸透の仕方を変えないといけないのに、従前のままのやり方を繰り返していて上滑りしている」「先代は熱心だったが後継者が淡白で、浸透している現状を自分の努力の結果だと勘違いしている。もう浸透していると思っているためあまり熱心ではない」、もしくは「社歴が長くなって組織自体の動きが重く鈍くなり、理念と実態が大きく乖離してしまっている。その点は社内のほとんどの人が気づいているが、打つ手が見えないし傍観者ばかりの集団になっている」。これらを見ると経営理念が組織の中で単なる形式の一つにとどまる蓋然性は極めて高い。

こういうことはないだろうか。管理者が、経営理念の意味を説明することもできる、昇進試験で理念に関して点数も取る、部課の会議でも重要性を説く、しかし、いざお客様あるいは部下に対して実際に判断し行動する時にはそれとは違うことをする。つまり「**理念を言葉では理解していても実際の行動が理念に反している**」ということは形骸化の一つと言える。

形骸化の2つ目は、経営理念の浸透は十分とは言えないが、業績が伸びているという現実を分析すると、理念の浸透に努力をしている時にはなかなか効果が出ず、後になって経営の成果が出るというタイムラグがあることである。浸透の努力から相当な時間が経って、その成果がようやく表れるということである。つまり、**現在の業績が伸びているのは過去に浸透に努力したことの結果**であるということである。

経営理念の浸透というのは極めて地道な活動であるから、今努力していることがすぐ成果に出るとは言えない。そう考えると、現在の浸透の努力や工夫が不十分であれば、5年後、10年後に、浸透していないことが結果として表面化するということになる。そういった意味では、浸透の工夫と努力を怠ることは後々に大きな影響を及ぼす。

なぜそうなるのか。やはり浸透のさせ方に課題が多いのである。後述するが「浸透させる活動そのものがゴールになっている」ためである。経営理念の核心となる真髄が伝わらず、理屈はわかっているが行動は別であって、理念はあくまで知識でしかないという実態は現実にある。経営理念の浸透の活動は、それを繰り返し継続的に行って、それが次第に全社員の行動になり組織風土になって組織の体質になる。従って、それが業績に表れないはずはない。過去の努力で現在の成長がある、そこに潜む課題と仮定してこの点を捉えておいたほうがよい。これは先々の経営にボディブローとなって効いてくるだけに、直視しなければいけない現実である。

問題が起こった時、理念に立ち返る機会になっているか

社員が日常の仕事の中で判断し行動していることが、経営理念とつながっていることには気づいていない場合がある。これが形骸化の3つ目である。私から見るとしっかり理念が浸透していると見える会社でも、「あなたたちが仕事の中で判断してやっていることは、こういう理由で経営理念ときちんとつながっていますよ」と言うと、社員は「あぁ、そういう風につながっているんですね。気づきませんでした」と話したりする。

結果として経営理念を反映した仕事のやり方をしていても、経営理念とのつながりを社員が

自覚できていなければ、それは浸透しているとは言えない。理念が浸透していかなければ組織の継続性はない。なぜなら、経営理念と自分の実際の仕事とのつながりが見えない人間には、部下や下の世代の社員たちにその意味を伝えることができないからである。伝えることができなければ、**言葉としては継承されていても、その意味としては断絶が起こる**のである。

その点、幹部レベルでは、経営者と常にさまざまな経営に関わる問題を討議していることが多いため、必然的に経営判断に伴って経営理念という価値観を意識する機会が多い。もちろんそれでも理解度の低い幹部もいることは否定できない。ところが社員は幹部レベルに比べてそうした機会はより少ないため、よほど教育研修をしない限り理念を意識しなくなる。従って、次第に理念の浸透についての意識が希薄になっていく。

先々リーダーになってから役割として理念を指導する段階が来るだろうが、その時に改めて理念を意識するよりも、社員の時に地道に共有しておけば、リーダーになってからも極めて自然にできるようになる。随分回り道をしているのである。

もちろん、社員は常に理念を意識して働いているわけではなく、問題やトラブルが発生した時に、改めて理念と照らし合わせて考える機会になる。ところが、問題やトラブルの発生は理念を意識する機会であるのに、管理者がそこで理念と問題を関係付ける絶好の機会と捉えることができていない。社員が「経営理念の意味するところ」を理解していないことが一番の問題であり、それは取りも直さず幹部・管理者の理念浸透についての問題意識が低いために起こっていることである。

経営者はこれらの問題について非常に悩んでいるというのが実情だろう。もちろん、理念が浸透することで業績に良い変化は起こってくるが、業績が良いから理念が浸透しているというものでもない。しかし結果として、経営理念浸透にあらゆる方法を講じて、トライにトライを重ねて浸透活動をしていけば、企業の体質は充実し、次なる成長につながる確率は高まるのである。

2　社内のコミュニケーション効果が非常に出にくくなっている

従来のやり方が通じなくなっている

社内のコミュニケーションにはいろいろな手段や方法がある。コミュニケーションを図るというと、会食・懇親会・社員旅行・運動会・クリスマスパーティなどの「融和」を図る目的の社内行事的なものから、日々の業務管理・部下指導・会議・面接・ミーティング・報連相のような仕事を通じて「意思疎通」を図るものまである。

例えば、社内融和的なもので自主参加の場合、もちろん行事によっても異なるが、自分たちで企画して実行するようなものは熱心に取り組むし、参加率が高いのはどこでも同じである。以前のように仕事が終わってから酒席を設けるということもないわけではないが、極めて少なくなった。お酒を飲んでもお互い何を話していいかわからないようである。それでも全社行事のようなイベントはそれなりに盛り上がりもあるようである。

ただ、懇親会や社員旅行が盛り上がったからといって仕事の意思疎通という意味のコミュニケーションが良いかというと、必ずしもそうではない。この2つは必ずしもつながるものではないという点に現場の悩みがある。

例えば昨夜、久しぶりに部下と食事の機会を持てて、それなりにいろいろ話すことができてホッとする。その翌朝に、同じ部下が「実は……」と言って腰が抜けるほど重要な報告をする。「なぜ昨日の夜に言わなかったのか」と問えば、「昨日は食事の席でしたから」という応答が返ってくる。これは、決して若い社員の問題ではない。コミュニケーションの効果が出にくくなっているという問題に関しては、仕事の意思疎通に関して、従来であればそれなりに意味が通じていたことが最近は意味が通じにくくなってきているという実態が多くある。

元々、人の価値観はそれぞれ違うものだから、組織において価値観のベースを最大限同じステージにするような努力や工夫をしないと通じ合えないのは当然である。その努力や工夫で意思疎通ができて、理解し合える関係になることも多いし、そのような効果があるからコミュニケーションに取り組むのである。また、困難な出来事を通してぶつかり合って絆が深まることもある。しかし、これだけ価値観が多様化してくると、一般的にコミュニケーションの施策は効果が出るまでには時間がかかる。従って、全体的な反応を見て、今と同じやり方をしていて意味があるのかどうかを考える必要がある。

コミュニケーションに対する「スタンス」の重要性

これらの変化を捉えて施策の転換を行う必要がある。そのままにしていては組織・チーム・仕事に支障が出る可能性が高い。社員の価値観の多様化に伴って、従前のコミュニケーション施策を転換して、具体的な改善方法を見出すことは喫緊の課題なのである。経営者・役員・幹部・管理者なら、おそらく自分自身が伝えようとしていることの意味が相手に通じないことが多いと内心感じているだろう。

例えば、部下の仕事が原因でクレームが起こり、それに対して管理者が本人に改善を指導したとする。原因をしっかり捉えられる部下もいるが、原因を自分以外のところに転嫁する部下もいる。部下にも問題はあるかもしれないが、責任を転嫁するのは、管理者が日頃から言葉を掛け合ってコミュニケーションを図り、特にお客様との関係について、**お客様のことを理解しながら仕事をするとはどうすることかを部下に得心がいくように指導し、意思疎通するということができていない**ために起こることである。

クレームという場面だけではなく、日常のミーティングや会議でも、同様のことは同様の原因で起こる。仕事の大切な論理がストレートには通じにくい点が多くなっている。だから、いざ問題が起こった時には「私一人のせいじゃありません」という言葉が当たり前のように出てくるのである。社員の主張する意見に対して管理者の指導・アドバイス力が低下しているとも言えるし、組織やチームの中に今までのさまざまなケースで当事者だけが責任を取らされるという危惧の念が極めて強い場合はこの傾向がはっきり出る。管理者になりたくない原因とも相通じることである。

融和を図るコミュニケーションと、仕事の意思疎通としてのコミュニケーションとが両方必要であるが、その実効性を生み出し、実らせるためには、コミュニケーションを取ろうとする管理者の「コミュニケーションに対してどのように向かい合うかというスタンス」が大事で、相手のためになっているか、もしなっていなければどうすることが良いか、といった視点の工夫が必要である。そのスタンスの見直しをしてみること自体がコミュニケーションの始まりであり、本来的な意味である。

価値観が異なる社員が集まっていて、しかも「働き方改革」で労働時間が少なくなる傾向の中で、コミュニケーションのための時間を割くことがだんだんと困難になりつつある。やはり、**自分が相手とコミュニケートするためには、まず「自分サイドでどうすることが相手のためになるか」を考えることが始まり**である。それは管理者にも部下にも両者に必要なことである。より良い関係にしていくために、コミュニケーションのあり方の見直しが必要なのである。

3 外枠だけの働き方改革によって「仕事の矛盾」が起こっている

働き方改革が長時間労働削減にとどまっている

働き方改革の議論の中で、新たな課題も生まれてきている。政府が言う働き方改革に関連して、多くの会社で「長時間労働の削減や是正」には社内の意見や行政指導もあって改善が進んできている。サービス残業はもとより、残業自体を少なくすることは社会的にも要請されており、経営としても必要なことである。

働き方改革の要点は、まずは長時間労働を減らすという点と、サービス残業をつくらないという点にある。そして、この改革の意味は、長時間労働を資源とすることなく、今までと同じかそれ以上の成果を出すことにある。それを可能にするためには、仕事そのもの、つまり仕事の準備・計画・進め方・フォローなどのあり方をあらゆる角度から見直さないとその効果には至らない。長い間やってきた「当たり前」と思っているこれまでの仕事を脱却して、**まさにこれからのために自分たちの仕事の何を変えなければならないのかが本質的なテーマ**となる。

言うなれば**「働き方改革は仕事改革」である。その改革は仕事のプロセス改革でもある。**それは自分たちの固有の仕事改革であるべきだから、その「働き方改革」を、自分たちを主語にして、「5時までの改革・5時からの改革」（全社で午後5時までに何をどこまでやるかを明確にし、5時以降にやることをクリアにして削減する）、「アクセスタイム改革」（本来の仕事に関わるまでの準備時間を全社で最小限にする）、「デジアナ改革」（デジタルでやるべきこととアナログでやるべきことをはっきりさせる）といった、自社の言葉に置き換えたものにまずは重点化してみる。

そうすれば、全社の共通目標ができて共通価値が生まれ、共通行動につながる。それこそが目的を持った働き方改革であり、これによって改革を目指すターゲットが絞れる。結局、「自分たちの仕事はこうした業種・職種だから、ここは動かせない」と思い込んでいる部分が非常に大きい。そうした思い込みを取り払って、ターゲットを明確にしながら段階を経て思い切って見直すことが重要である。

実際、ここまで踏み込まないと成果は出ないだろう。しかし、現実は単に「残業をしてはいけない」ということにとどまっている面も否めない。つまり、当面の仕事は時間の範囲の中で収めようと思えば収まるが、次へのチャレンジとなれば時間の枠を超える可能性もあるので、ついついチャレンジを控えてしまうことになる。これが続いた時に、将来的に揺り戻しのようなことが起きないかと懸念する。

つまり、仕事改革について本質的な討議をしないで時間だけを削減すると、生産性が上がるどころか逆に下がる可能性がある。そうなると、生産性の向上を優先的に考えざるを得なくなって、やはり労働時間を延ばせばそれだけ生産性が上がるというサイクルに逆戻りしかねない。

だからこそ、今の仕事を改革して労働時間を生み出し、新しいことにチャレンジすることを織り込むようにする。そして、チャレンジすることには難しさもあるが、成果が出るような成功体験を積み重ねれば、逆戻りなど起きずに仕事は改革されていくのである。仮にチャレンジして上手くいかないケースがあっても、その体験が仕事の見方を変える。これも仕事の改革である。

4　人事考課が実態に適応せず歪んでしまって、社員をモチベートできていない

「考課」と現場の実態の不適応

人事コンサルティングの仕事をしていると、人事考課制度の運用によって人材の採用・定

着・育成が本当に変わるということを実感する。本当に大きな転換の要因になると思う。

人事考課の不適応の問題は主に5つある。その1つ目は、仕事の内容に変化が起こっているが、それに人事考課が適応しきれていないところである。

仕事の内容の変化とは、お客様の多様な要望に応えるための仕事の変化、社内の仕組みの変更に伴う仕事の変化、仕事のプロセスの改変に伴う仕事の変化のことであり、これら従来からやっていることをやり続けながら新しいやり方も続けなければいけないなどの変化が現実に起こっている例は多い。特に、働き方をはじめとする改革に伴って現場ではクリアすべき成果の見方を変えているということなどは大きな点である。これらに対して人事考課は従来のままになっていて、それに沿った人事考課の内容が改定されないまま使われていることで不適合を起こしている。

問題の2つ目は、人事考課の考課基準の内容が、古い内容であるか、あるいは曖昧な内容であるか、もしくは内容の説明が十分にされていない、などである。そのために、何を考課するかが不鮮明で、考課をしている管理者も納得感がなく、考課されている社員も納得感がない。この両者の納得感がないままに毎期の考課が行われている。当然のように仕事の実態との不適合を起こしている。

問題の3つ目は、上司と部下の人事面接に不適合があることである。年に1～2回、職務目標の進行状況の確認と共に、上司からの改善指導や部下からの意見を聞く機会を設けている企業は多い。人事面接に関しては、大企業と違って中堅・中小企業は、上司が3～4年で変わることなく、ずっと上司・部下の関係が続くために起きる可能性の高い課題がある。

上司・部下の組み合わせが変わらず同じなので、お互いに相手をわかり合える関係になる利点もある。しかし、部下の成長段階もいろいろで、成長している人材、成長が停滞している人材など実に多様であり、それに応じた面接は難易度が高い。上司にそれなりの対応力が必要になるが、上司も力量を養いながら人事面接を行ってはいるものの、毎期の人事考課と連動しているだけにこの不適応の課題は大きい。

問題の4つ目は、仕事の実態とフィードバックの不適合である。管理者が人事考課の結果を社員に人事面接でフィードバックしているものの、人事考課そのものが不適合を起こしていれば、自ずと考課と仕事の実態が合っていないのでフィードバックも噛み合っていなかったりすることがある。どうしてこのようなことが起こるかと言えば、人事考課の仕組みを組み立てる時に他社のものを持ち込んだか、人事考課の項目づくりの際の討議が深掘りできなかったからである。

仕事の現状がこうなっているという実態を踏まえることは大事であるが、その実態はそのままでいいかと言えば、改善していかなければいけないことが大半である。そうすると、今後この仕事はどうあるべきかという議論が必ず必要なのである。

場合によっては、当該部門でリーダーを中心にして検討し尽くして組み立てないと、運用をしても人事考課を改定した効果が出ないのである。

問題の5つ目は、人材の定着との関係である。特に、**働き続けて欲しい人材が定着しないのは、社員の「認められ感」が少ないことから起こっていると推測できる。**

「認められ感」とは、上司や会社に自分の仕事をきちんと見てもらった上で考課がなされている、それによって自分がしている仕事に意味や価値があると思える感覚のことである。これがないというのは、例えば自分が関わった仕事のプロセスや出来栄えについて、上司が「当然」と思っているのか、「よくやった」と思っているのか、「大したことはない」と思っているのかがわからないといったことである。

また、目標を中心とした人事考課が多いが、実際の仕事の過程では、目標に直接的に関わること以外の仕事も多い。むしろ、そちらのほうが多かったりする。しかし、設定した目標が重要というだけで考課されれば、処遇と結びついているだけに疑問が残ったまま考課を繰り返すことになる。

仮に、人事考課以外で「認められ感」がチームの中にあれば、むしろ人事考課は、モチベーションの問題としてのウエイトは下がるのだが、なかなかそうはなっていない。認められ感があれば、自分がこの組織に必要だという思いを確認できる。

本来、「仕事を認めること」をスタートにした一人ひとりの考課のはずであるが、結果として働くスタイルや働いた内容に合った人事考課をすることに結びついていないため、適合しない点が多く出ているのである。

流行りの人事考課制度に飛びついていないか

人事考課については、経営者が悩み続けているテーマの一つである。社員が10人以上になってくれば、いかに公平に考課しつつ、社員一人ひとりの実力を引き出していけるかを考え、試行錯誤する。それがさらに、社員が、50人、100人、300人、500人と増えていき、人事考課はするものの、**考課結果について経営者としての観察眼とズレを感じて悩まされる**のである。

この悩みが深ければ深いほど、流行りの人事考課制度なども含めて数多くの情報を集め、

「今の考課方法でいいのか？」「こんな角度から考課すべきじゃないか？」と考えを巡らせるのは経営者の自然な心理だと言える。

新しい手法はすでに山ほどあるし、これからもどんどん登場するはずだが、それを実際に導入するかどうかについては慎重であって欲しい。それよりもまず、「自社で行っている考課方法」と、働き方や経営計画なども含めて「これからどのような考課をする必要があるのか」ということについて、全部門の代表者が集まって討議をして欲しい。大きな発見があるだろう。実際、私がコンサルティングを行う場合は同様のことを行い、実績を得ている。

社員にとって賃金が増えることは非常に大切なことだが、それ以上に、前述のように自分の仕事についてきちんと考課がなされ、認められていると思えることが今の時代には重要である。社員もまずそれがあった上で処遇が決められることをより重視するようになっている。

そうなるために経営に必要とされ適合する人事考課制度は、先ほどのようなやり方をはじめとして、組み立てようと思えば組み立てることはできるのである。それをしないと、現場の人事力は高まらない。

5　これまでの人材育成ストーリーが崩れ、新しい育成ストーリーを描ききれていない

人材育成環境の変化

これまでの人材育成は、長時間労働の下での人材育成であったことは否定できない。長時間労働には何の意味もなかったかというと、その時代を働いた人間としては、何かの特質は見つけておきたい気がする。

長時間労働のためにさまざまな仕事のケースを体験できたことで、仕事の対応力が経験を積むほどついたし、成長の遅い者を育てる時間が時間外でも取れた。労働時間が長いだけに共に仕事で過ごす時間が長く、共にやり抜いているような感覚があった。

しかし、これらは別に長時間労働でなくてもできることであると同時に、多くの問題も抱えていた。それは、長時間働くことを体が覚えてしまっていて、それが普通の感覚になってしまい、早く帰る時はよほどの疲労がある時で、ほとんど会社に残ることが当然であったこと。また、長時間労働によって社員の発想力や思考力が長い目で見て低下し、10年というサイクルで見れば、低下というより年数に応じた伸びがなくなること。さらに、長時間労働が続くことで

体に疲労感が蓄積しているが、それでもまだやろうとするので、ゆとりのなさがマネジメントをぎすぎすさせてしまい、結果として依存型の社員を生み出してしまうこと。特に、メンタル不調や体を壊すなど心身の不調につながった点は否めない。これらを見ると問題の多い働き方だったと思う。

これからの人材育成の環境は、時間外労働が極めて少なくなる働き方で、働く場所も社内外に広がり、情報システムも格段に充実し、ＩＴやＡＩを活用した合理的な方法に変わる。人が働く環境が変化したのである。その中での人材育成のあり方も変えていく必要があるだろう。**従来の「とにかく仕事をやってみる」という経験中心の育成方法から、成長段階を明示しつつ仕事を組み立てていくなどの方法に変えることである。**とにかくやってみることは大事なことだが、それだけを中心とした方法で育つ割合は高くない。むしろ育つ割合を下げる。

しかし、本質的な課題は、社員に仕事を指示する立場の人の意識のあり方である。その指示する人自体が今の労働時間環境、その中で成果をつくる必要がある環境に相応しいやり方をしているかどうかである。こうした人材育成環境が変化しているのに、人材育成の施策や仕事の習熟の仕方が従来のままで変化に対応しきれていない現実が根本にある。

人材育成ストーリーの変化

環境だけではなく、人材育成のストーリーにも変化が訪れている。

戦後の経済成長の歴史を振り返れば、人は育ったが労働時間は長かった。どちらもまぎれもない事実である。われわれの中に「長く働かないと人材も経営も上手くいかない」という価値観が染みついているのかもしれない。

今は考え方を大きく変えていかないといけない時であるが、自分が育った時代、長時間労働の下での育て方から切り替えきれない人も多い。また、自分が若い頃に当時の上司からしてもらった範囲でしか考えられないこともある。それが切り替えられる人は、時代に適応するように努力している人だろう。しかし、それを切り替えなければマネジメントの品質は衰退する。

これからは、変化に適応する人材づくりが求められてきているが、適応できる人は何割だろうか。**変化とは可能性である。**変化していくためのチャレンジを働き方の外枠だけを守って切り捨てるべきではない。

ではどう変化させればいいのか。**変化のためにはその人固有の「モチベートする要因」を知**

る必要がある。そのため、現状で自分のチームにいる部下の意欲や、やる気になるファクターは何なのかを客観的に把握することである。

例えば、上司から叱られてもなにくそと思い発奮する部下もいれば、叱られるとすぐに意気消沈して、仕事に対する意欲が減退してしまう部下もいる。仕事で困難に直面した時、それが困難な課題であるほどモチベーションが上がる部下もいれば、反対に自分には無理だと最初から諦めてその仕事に深くコミットすることを尻込みする部下もいる。褒めることについても、褒めることでさらに仕事の意欲が増してどんどん意欲的に取り組むようになる部下がいる一方、下手に褒めると慢心して成長がストップしてしまう部下もいる。叱ること・褒めることは重要なことであるが、「こういう時はこう叱る」「こういう時にこう褒める」という一律な手法が通じない環境なのである。

言い換えれば、「**仕事のモチベーションが高まるキーワード、意欲が減退するキーワードが全員異なる**」ということでもある。叱ること・褒めることはほんの一例であって、人事においては万事このように、その人という個に応じた対応を目指す必要があるのである。

相手の立場になってみた時、「彼や彼女の意欲・やる気を引き出せる要素はこれだ」というものを把握し、その要因に向かって働きかけ、潜在能力を引き出していくような人材育成を具体化していくことが重要となる。このように、上司が今までの考え方を切り替えられるかどうかが、非常に大きな要因となるのである。

6 社員教育の柱が曖昧であり、社員のキャリア形成が形式にとどまっている

「仕事の学習」をしない時代

労働時間が短くなっている影響だろうか、社員が仕事そのものの学習をしなくなってきているように思える。現在の知識の範囲で仕事をして良しとしていることが多いのではないだろうか。もちろん取り組んでいる人たちもあるだろうが、仕事ができるようになるためには学習は必須であり、むしろ、これからは**学習が先行しないと質の良い仕事はできない**と思うのだが、その学習をどこでするのかは疑問である。

こうしたことを企業は把握できていないと思う。仕事を習熟させるための教育としては、マニュアルやある程度のツールはあるが、その内容は習熟を段階的かつ効果的に進めていくことを強く意識したような、これからの時代に求められる内容にはなっていないと危惧する。

2016年4月1日より職業能力開発促進法が改正され、キャリア形成の責任は会社にも本人にもあるという考え方がまとめられた。国の重点施策として、企業の中での社員のキャリアをどう形成していくかということに対して、企業単位できちんと考えるよう促す内容となっている。

企業は、社員が仕事に習熟するための学習の実態は把握しにくいというのが実際のところだろう。大事なことは実態の把握そのものよりも、仕事での成長をつくるためには会社の努力と本人の努力の両輪が必要だということである。会社としては、仕事を習熟するための教育を充実させることは必須であるし、現在の仕事から次の仕事へのステップアップや他の職務の選択の可能性も示していくことは意味がある。

それに、社員としても考えておきたい視点がある。それは、働き方改革の流れで議論されている「同一労働同一賃金」という考え方は、現在は、同じ事業場内の正規・非正規を対象としている。しかし、これは同じ職務であれば賃金に差を設けるべきではないという趣旨であるから、この傾向が進んでいけば、これからは正規・非正規を超えて、社員も、その職務の賃金がいくらという「職務給」の時代になると私は予測している。新入社員も初任給が全員同じという現状から各人ごとに違うという時代へ変わることも考えられる。この職務給の流れは、職務内容が同じであれば、賃金は上がらないということになるので、この点では、社員も自分の仕事の段階を自らの努力でアップしていくことは必要なことであるし、自分の職業生活の将来を豊かにするためにも意味のあることである。

折しも、職業能力開発推進法が改正されて、企業におけるキャリア形成は、会社と本人と両方が取り組むことを求めている内容に改正されている。社員が自らキャリア形成をすることを求めつつ、企業にもその支援をすることが求められていると解釈できる。このキャリア形成は、年代や役職の範囲の指定はないため、全社員が対象と考えられる。

これは一人ひとりが時代に適応したキャリア形成をすることを求められているし、会社としても社員のキャリア支援についての仕組み化がより一層求められることになると理解していく必要がある。このキャリアの設計も職務選択やキャリアアップの可能性が高い企業であれば行いやすいが、そうではない企業の場合は、まずは、主たる職務を中心にしてキャリア設計を行っていくことになるだろう。

より大きな課題は、会社自体は、現在のこの会社の中でのキャリア形成を発想するが、社員はそれも選択肢の一つであり、会社で働きつつ別のキャリア形成も考えるだろうし、会社を離れるというキャリア形成も選択肢として考えるのである。企業としての責任、社員としての自立意識が、キャリア形成のテーマの両輪になったのである。

社員自身が自分のキャリアを自分で考えることは素晴らしいことである。しかし、自分自身でキャリアを考えて実行する人は、仕事そのものも主体的に行う可能性が高い。そのように学ぶ人が、仕事そのものでも魅力を感じるように「仕事の習熟を高めて成長がイメージできる仕組み」を企業自身が再考しなければいけない時期に来ている。

人材育成に対する企業の「意識の差」

企業の現状を見ると、人材育成のための教育は盤石とは言えない。国内にいると、日本人ほど人を育てることに熱心な国民はいないと思うが、海外に出ると、意外にその熱心さが劣っている現実がある。

海外では人を育てるハードルが明確なのである。そういう意味で社員が年間でどの程度の教育を受けているかというと、何を教育と捉えるかにもよるが、例えば営業であれば、少なくとも「研修」という名目で年に1回でも外部の講師の下でこれからの営業のあり方や最近の先進的な事例、営業における重要なアプローチの仕方、あるいはプレゼンの仕方について学ぶといった機会をどれほど持てているだろうか。これは他部署も同じである。日々の業務を繰り返していることに加えて、仕事の仕方を変えるような学習をすべきである。

企業によっては勉強会など自主申請で受講することを推進しているというが、意外に反応は低い。何も外部の勉強会ばかりが学習ではないが、個人の判断で仕事に関連する語学・システム・会計・マネジメントといったテーマについてインターネットなどを用いて学習する人は激増している。自分が学びたいものを学ぶ、という傾向があるのだろう。ここにも自分という個性が出ている。

それでも、人材を育てていくことが企業の永続性の根幹と考えている企業もある。そのために、私のようなコンサルタントを呼んで、毎月、リーダーとして、管理者としての勉強会を継続的に行っている例がある。頭が下がるほどである。だから成果も出ている。中堅・中小企業は人材について優先度の高い考え方をしているからこのような取り組みをするのである。しかも、かつての社員教育は、該当するクラスの人たちだけの研修であることが普通だったが、経営者ご自身が全クラスに出席している企業も極めて多く見られる。社員教育の重要性の意識が高まり、人材に対する意識が社員教育に表れているのである。

「人間性教育」の欠落

私が仕事をする上でたびたび考えてきたことがある。今でもそうであるが、職業人として組織人として働いて、意義ある職業生活を送るためには、**人としてどうあるべきかについて考えて行動する人間でありたい**ということである。私なりにそのように行動しているつもりである。

このことは教育研修の場でも時々お伝えしている。企業の経営理念・人事理念・人材像の根本の根本は、人としてどうあるべきか、その使命感は何か、何のために生きるのかということだと思う。だから、企業の人材育成でもその芯を外してはいけないのである。

それを真正面から捉えて教育している企業は、数としては増えてきているが、人員規模が大きくなるほど少ない。社員数が多い企業では、人間性教育というのは行われていないことが多い。むしろ経営理念を具現化していこうと考えれば考えるほど、人間的なことについての指導育成は欠かせないと思う。人間性の教育というのは、行ったからすぐに効果が出るというものではないが、中長期的に見ると、これが最も社員の幸せ感と人生を左右する要素である。それによって**社員の仕事観や人生観は厚みを増していく**のである。

人としてどうあるべきかを学ぶことの重要性が高まってきていることは、一般社会を見渡してみればわかる。

例えば2018年度から小学校で、2019年度からは中学校で「道徳」の教科化がスタートすることにも見て取れる。2015年に文部科学省が実施したこの施策に関する意見公募(パブリックコメント)には、賛否合わせて約6000件の意見が寄せられたといい、関心は高いと言える。学習指導要領では、例えば小学校の道徳教育の目的を「自己の生き方を考え、主体的な判断の下に行動し、自立した人間として他者と共によりよく生きるための基盤となる道徳性を養うこと」としている。やはり教育の現場でもそうしたことが必要になってきている。

会社でも人間性教育に熱心なところが増えてきた。例えば「人に対する考え方」、つまり、思いやりや感謝の心、相手を大切にするということはどういうことかといったことである。これらについて、東洋や西洋の哲学について書かれている書籍を手づくりでテキストにしている会社もある。また、人間力に関するDVD(例えば著名な経営者や高僧の講演)などを見て意見を言い合うことも、積み重なれば意識の啓発につながる。人間性教育となると、仕事上の教育をするより難しいと思われがちだが、聖人君子を求めるのではなく、共に人間性を大切にしようという学習である。

経営者がそうした点にきちんと時間を割くことを方針としている会社は、やはり社員も人間的に落ち着きがあって、利他の行動があり素晴らしい雰囲気を持っている。仕事といえども、人間同士が面と向かってやり取りすることが基本であるから、豊かな人間性が仕事の成果ににじみ出てくるのである。それこそが目に見えない商品の付加価値である。そのアナログさはむしろ充実させていかなければいけない。

私は組織の教育を「職務教育」「ヘルスケア教育」「マインド教育」の３つに分けて組み立てている。職務教育は仕事を中心とした教育、ヘルスケア教育は心身の健康と共にラインケアについての教育、マインド教育は、人間性・人間力などの精神性に関するものである。

第４章の７つのフェーズの項でも詳述するが、人材育成においては「職務教育研修」「ヘルスケア教育研修」「マインド教育研修」の３つの能力を向上させるような組み立てが必要である。そのようにして社内における教育の機会や組み立てがきちんと確立されていれば、人材育成の基盤になり、社員そのものにも貢献できるはずである。

7　仕事の属人化が進み、同時に組織の縦割りが重なって部門間の連携を阻んでいる

仕事がますます人の手元へ集まってしまう

もともと属人化しやすいのが仕事だが、一定の時間内に仕事を終わらせるという労働時間のルールが厳しいので、自分が時間内に仕事が終わるようにコントロールしている。ただ、実はいろいろな調整、摺り合わせ、仕事の組み替えなどをして仕事を合理的に変えていかなければいけないところを自分の手元で現状のままでとどめてしまっているような事象が多くある。それがために仕事がますますその人の手元にとどまってしまう。「この時間内に仕事を終わらせなさい」というルールが厳格化されていくことで、実は逆に仕事の属人化が加速しているように私には見える。

働く時間が制限され、朝の出勤時間も夜の退勤時間も決められていて、特別な場合を除いて早出や残業はほとんどない状態で、土日の出社はさらに厳しく制限されている。そうなっては、社外や自宅に持ち帰って仕事をしないと終わらないというのが実態である。結果として、仕事がますます手元へ手元へと集まることになってしまう。

会社のシステムにアクセスできればまだよいが、それもさまざまな理由で禁止されている場合も多い。意識的に仕事が属人化しないような仕組みを情報システムに組み込んで、仕事の実態が常に共有できるようにしているようにも見えるが、大半の会社では、属人化を防ぐために情報システムを入れて仕事を効率化しようとしているのに、実際は時代と逆行するように属人化が進んでしまい、社員一人ひとりがますます仕事を抱え込んでしまっているのである。

部門間連携によって利益をつくり出しきれていない

一人ひとりの仕事において、属人化する思考と行動が進むと、部門やチームも連携せずに自己完結してしまいがちになる。仮に仕事の属人化が進んでいないとしても、部門やチームの垣根を越えて他のチームや部門と連携するということが必要だが、自分たちだけで成果を出すという内向き思考になってしまって連携が思うほど進んでいない。ライバルよりも良い品質と付加価値の高い仕事をしようとすれば、全社を挙げて取り組む視点を持ち、部門の垣根を越えた仕事をしていかなければ市場優位性を保てないというのが私の競争環境分析である。

お客様に対して**部門・チーム間の連携が良くできているほど付加価値は高い**が、これが意外にできない。属人化しがちなのは仕事だけではなく、部門・チームも内部でできる範囲にとどめてしまって他の部門やチームに働きかけず自己完結してしまいがちである。何のための部門か、どうすればお客様に役立つか、それは各部門がわかっているが現実に行動するとなると連携が少ない。

部門間の垣根が低く、連携が活発な会社ほど粗利率や利益率といった経営数値がよくなる。とりわけ適切な連携によって付加価値が増大する。それは連携という優先思考があるので、何が無駄か、何が不要かという視点が明確になり、結果として効率が良くなるのである。

昨今は、効率化を強化するというテーマの下、分業化が過度に進んでしまった面もあって、部門やチーム内の範囲だけで効率を考えるので部門間連携に発展していない。そうなると、人が育ってきているように見えても部門内という世界だけで育成しているので、鍛え方に限度があり、変化に弱くなるのである。

もちろん、会社の部署というのは無目的に縦割りになっているわけではない。一定の目的があって縦割組織ができているのだから、それ自体が悪いわけではない。人もチームも自己完結してしまう傾向は、仕事の自由度を小さくしているのである。

また、企業の成長段階によっては、分業化よりも一人でいくつもの業務を重複して担当することや、兼任が非常に多くなるようなことがある。経営として描きたい組織編成図と、実際に配置して組み合わせることができる人材が適合しきれないのである。これは多く起こり得ることである。このような場合は、連携というよりも兼任によって部門としての意味が弱くなり、シームレスな部門になってしまっている。だから、部門間の連携ということがイメージできなくなっている。

これらの現象は、いかに連携によって組織を横断して仕事をするのが難しいかを示している。そこで現場のリーダーが「現場の人事デザイン」を活用することで、後に述べるフェーズの相互の関係により組織横断が可能になってくるので、連携はできてくる。この力が発揮できれば、相当な成果が見込めると私は考えている。

以上、組織や人事にまつわる現状について、私が会社の成長に関して問題であると感じる共通点について述べてきた。次章以降では、本章で述べた共通する問題を経営的にどうクリアしていくか、その方策について具体的に言及していく。それがまさに「現場の人事デザイン」なのである。そして、ここまで挙げてきたさまざまな問題は、現場の人事を適切にデザインし、「現場の人事力」を向上させていくことで解決できるのである。

第2章　これからの経営——人事のパラダイムが変わる

人事に悩みは尽きないが、人事がしっかりしていれば経営の安定感は格段に違う。人事は経営の根幹であるということは、会社の規模を問わず経営者の思いである。今までもこれからも、人と共に働き経営する上でそれは変わらない。前章では、現場で起こっていることとして組織および人事に関するさまざまな問題点を指摘した。これらの問題を見ていると、今までの人事とは異質な環境の変化が大きく起こっていて、従来の人事ではもう対応できないのではないかと思うのである。

1　人事における「パラダイム・シフト」とは

日本の時計メーカーが大躍進した理由

この意味において、本章ではこれからの経営における人事について「パラダイム・シフト」が起きていることに鑑みつつ新しいプラットフォームを提起するが、ここではそのパラダイム・シフトの要点について述べていきたい。

「パラダイム」についてはさまざまな書籍があるが、私が読んだ中でもとりわけ実務的に参考にした書物として、アメリカのミネソタ科学博物館の未来学研究部長であり企業コンサルタントを務めたジョエル・バーカー氏が著した『パラダイムの魔力』がある。この書籍を参考に考えたい。彼がパラダイム・シフトについて紹介している事例がある。**将来の方向を察知することがいかに重要かを理解する好事例**なので長めに引用したい。

スイスは1968年当時、約60年にわたって改良に改良を重ね、世界で最高の時計をつくり世界の時計市場を支配してきた。近代時計の歯車、ベアリング、ぜんまいの製造方法を改善する研究をリードし、常にイノベーションを追求していた。決して、スイスは王座にあぐらをかいていたのではなく、新製品の開発、品質改善の努力をつづけていた。当時、世界の腕時計市場で販売個数で65%以上、利益ベースで80%以上を占めていたが、その後、販売個数で一気に10%以下にまで落ち込んだ。どの数字でみても、世界市場のリーダーの座を明け渡してしまった。何が起こったのかというより何かが大きく変わった。

スイスが直面したのは、腕時計づくりのルールが根本から変わってしまう「パラダイム・シフト」だった。機械時計の時代は終わろうとしていて、電子時計の時代になろうとしていた。スイスが得意としていた歯車、ベアリング、ぜんまいを、いくら精巧につくっても何の役にも立たなくなってしまい、それから10年もたたないうちに、揺るぎないと思われていたスイス時計の将来は、こなごなに砕けてしまった。壊滅的な打撃である。しかし、このパラダイム・シフトで、未来が大きく開けた国がある。日本である。当時、世界の腕時計市場に占める日本のシェアは1%にも満たなかった。日本は当時、世界でもトップレベルのエレクトロニクス技術に磨きをかけていた。クオーツ時計の登場によって、日本の時計メーカーは、販売個数ベースでも利益ベースでも、世界市場で約33%のシェアを占めるようになった。

スイスもクオーツの研究をかなり実用ベースまで進めていて、そこの研究員がこの革命的なアイデアを自国の時計メーカーに持ち込んだ時、相手にされなかった。電池さえ入れればよい電子時計のようなものが将来の時計になるはずがないとスイスの時計メーカーは思い込んでいたので、世界時計会議にクオーツ時計の試作品を展示した時に飛びついたのは日本のメーカーだった。あとは、歴史が示すとおりである。

スイスの時計メーカーがおかした過ちを、どうすれば避けられるか。そして、次のことを忘れてはいけない。そのような過ちをおかしたのは、スイスの時計メーカーだけではなくいくつかの国が、同じ過ちをおかした。多くの企業や組織も、同じ過ちをおかした。個人もそうだ。だれが、いつ、同じ過ちをくりかえすかわからない。

『パラダイムの魔力』ジョエル・バーカー著（日経ＢＰ社）より（要約および傍線は筆者）

パラダイム・シフトにどう適応していくか

ここでジョエル・バーカー氏は、パラダイム・シフトとは、「今までにない新しい変化が起きていること」と捉えている。この意味が最適と考えるので、この意味に沿って見ていく。

この見方からすると、人事のベースとなる基盤、つまり環境が変わってきている現状は、パラダイム・シフトが起こっていると考えることができる。それならば変化に適合して、いや先んじて経営の仕組みを変える必要があるという理解ができる。より具体的には「人事」という経営の根幹のテーマの発想を変えなければならない。「人事は人事セクションが担うもの」という発想ではこれから先はやっていけない。全社を巻き込んだ、「人事は経営の根幹」と捉えた変革が必要となる。それは単なる改善・改良の域を超えたものでなければならない。それこそがパラダイム・シフトによる新しい人事マネジメントに改革していく必要があるということである。

その視点で考えると、現在、人事制度や人事施策をさまざまに組み立てているが、これからのためには何をどう変えていく必要があるのかという点を正しく捉えることが重要になる。

2　人材を最高価値にするために「人材の捉え方の次元」を変える

「会社は人を育てようとしている」と社員は思えているか

人材に関する仕組みを変えることに加えて、「人材を育てる風土」について考える必要がある。人材に関しては根っこの企業風土が大きな影響を持っている。これからの経営のために、人事の組み立てを変えていく時、企業が本当に人を大事にしているか、という視点は外せない要素と言ってよい。

「人を大事にしているか」と問われると、多くの経営者が「大事にできているかどうかはいろいろ見方はあろうが、少なくともその思いははっきり持っているし、そうしているつもりだ」と答えることだろう。人を大事にしたいという思いを持った企業は多くなってきている。ただし、その中身が重要である。

経営理念・経営フィロソフィで人材の重要性を掲げていることと、経営活動の中で実際に行っていることとの矛盾がないかについては、問いかけていかなければならない。

例えば、経営者が人材育成は大事だと言っていたとしても、社員が「自分たちの会社は本当に人を育てようと考えている」と感じているかどうかが大切である。1年や2年ならともかく、比較的順調に成長し、これからを期待できる5年目ぐらいの社員に意見を求め、多くが「うちは人を育てようとしていない」ともし感じるのであれば、なぜそうだと感じるのかは考えてみる必要がある。社員の目線が常に正しいとは限らないが、さまざまな見方があるにしても何がそうだと思わせているかは聞きたいところである。

「人」に対する矛盾がモチベーションを削ぐ

また、社内をお客様目線で見た時、「さすがだ、そこまでやっているのか」と言われるような努力の状態か、それとも一つの見方として、「あなたの会社は良い仕事をしていて、良い製品を出していると思っているが、社内は、ギャップがあり過ぎるよ」と言われる状態なのかである。

会社の成長段階は、当初は、商品・製品を先行させて売上高を稼がなければ成り立たない。しかし、ある程度の成長段階に来たら社内の仕組みの弱さや仕組みの運用の弱さが成長の足を引っ張ることがある。それに、どんな会社でも、内と外が全く同じということはないし、外から見て立派と言われることが内部的に誇りにつながれば良いが、そうとばかりも言えないこともある。大事なのは、**お客様に対してやっていることと社内で言っていることに大きなギャップや矛盾があると、社員はやりがいをなくしてしまう**ということなのである。

例えば、お客様が大事だと言っているものの、社内ではお客様のことを大切にしたような言葉もなく、実際のお客様対応についての社内の討議自体が「お客様のために」という意識に欠けていて自社の利益のみといったことが実際にあるものである。

会社の本音と建前の違いがあまりに大きいと社員は失望してしまい、「この会社のために力を発揮したい」という意欲をなくす。誰が考えても当然のことである。特に若い世代はそうしたことに敏感である。ハングリーモチベーションを持った、生活のためにはある程度のことは我慢するという世代ではなく、自分の感じ方や思いをまず優先して大切にしたい世代から見ればなおさらである。当社でも、お客様には社内の呼び方もお客様ファイルもメモを書く時もすべて「様」をつけるようにしている。お客様の大切さを日常の仕事の中で浸透させたいという思いからそうしている。

経営理念の浸透は、この「お客様を大切に」という点に顕著に表れる。会社が言っていることとやっていることがあまりにも違うことが多いと、人は働く意義を見出しきれなくなるので、モチベーションが下がったり転職に動いたりする。それは仕事のハードさよりも影響が大きいと言える。またそういう会社には、早晩、人は来なくなってしまう。新卒で入って来た社員たちが、会社や組織をどのような目で見ているのかを真剣に考えていかないと、人材が育たないばかりか定着もままならない。**採用と育成の基本原理は同じなのである。**

経営における人事の捉え方として、まずは人を大事にするという思想が基盤にないまま仕組みづくりをするだけでは、働き方や価値観の変化への対応もおぼつかないどころか、働いている社員が現場でお客様を心から大切にすることはないだろう。

誰しも周囲から大切にされる存在でありたい

人を育てていく時に、内側だけの論理・目線で経営を組み立てるのではなく、お客様に対するのと同じような目線で社内にも求めていくことは重要である。お客様もいろいろなので社内を常にお客様目線で見るというわけにはいかないが、要は社内の透明性を誰がどの目線でつくるかということが大事である。その着眼の一つがお客様目線ということである。

それはつまり、縁あって共に働いている人について、できる範囲で可能な限り大切にする行動があれば、働く人にもそれは伝わるものだということである。その集積が業績であるし、お客様からの総合的な評価だろう。それが相互に通じ合う関係もあるだろうし、残念ながら通じ合えない関係もあるかもしれない。この働く人を大切にという考え方は、社会全体で見た時には、自分自身が一人の消費者、利用者、顧客になった時の売る立場の人への接し方にも相通じることである。

ビジネスであるから自ずと合理不合理は存在する。しかし、その企業の人に対する考え方の実践は社員の家庭にも取引先にも大きな影響をもたらすということである。働く人として大切にされ、また大切にするということは、社会の中で人間として認められることそのものである。

誰しも自分が周囲から大切にされ認められる存在でありたいし、自分の家族もそうあって欲しいと願う。人への接し方にこそ表れるのがその会社の思想や哲学だと思う。会社が人の営みの集合体である以上、人を大切にするために人事の仕組みを変える必要がある。それは人事のパラダイム・シフトが劇的に起こっていて、従来の仕組みのままでは対応していくのに全く不十分だからである。そして、「仏つくって魂入れず」の仕組み論にならないようにするためには人材を高い価値観で捉えることが重要である。

3　人について起こっている変化を経営に組み入れる

価値観の変化――「管理者になりたくない人」が増える真の原因

人事に関する**「働く人の価値観の変化」「働き方の変化」「採用の変化」「定着の変化」**がスクラムを組んで経営を揺さぶっている（以後、これを「4つの変化」という）。私にはそう見える。35年間この仕事をしているが人事のこの変化はただごとではない。これは私の強い問題意識である。

「社会の変化」によって「働く人の価値観の変化」が起こり、またこの価値観の変化と共に社会もまた変化する。人間社会である以上は価値観の多様性は常にあるものである。しかし、昨今の多様化は従来とは比較にならないほど幅広いものとなっている。

働く人の価値観の多様化は、かつてはそれが働く人の内面に思いとしてはあっても、表に出されることは少なかった。ところが今は意見として行動として表に出る時代である。かつては生活を成り立たせることを優先しつつ、やりがいを模索してきた。生活というベースは変わらないかもしれないが、今は物質的に非常に豊かになり、生活だけに左右されないで選択する時代である。職業選択の幅も広がってきたため、「今この会社で働く意味」を考えるのである。

だから、一つの会社の一つの仕事で、定年までその会社で働くというモチベーションが生まれにくい時代である。それよりも自分自身がどう生きていきたいか、どう働いていきたいかを考えて働く。組織の中で自分が働くということの意味の捉え方がどんどん変化してきているということである。この変化を企業として受け入れ、前向きに対応することに経営として取り組んでいくことが人事の課題と考えるべき時代なのである。

例えば、**働く人の価値観の変化として象徴的なのが、「管理者になりたくない人」の増加**だろう。これが増加してきているとは感じていたが、現在のこの傾向は、私が全国の経営に接する中で、どの業種でも、どの規模でも、どの職種でも当たり前のように見られるようになった。私の皮膚感覚は強烈な変化を感じている。

「管理者になりたくない」と言う人を集めて座談会を催したことがあるが、その時に当人たちが異口同音に言うのは「あらゆる方面から責任と成果を求められるのに、管理者として何をすればいいかが明確じゃなく、方法論に乏しいし、上司にも部下にも気配りしなければならない様子が管理者を見ていて伝わってくる。いろいろな意味で重すぎる。管理者になる前も後も大した教育もなく、すぐ結果を求められる。管理者になってすぐにできなければ能力がないように言われる」ということだった。

ただ、全体的に見れば、今から学習しつつ難易度の高い仕事にもチャレンジしてみたいという人もいるし、チームのリーダーとして管理者になれるのであれば、自分もやってみたいという人は間違いなくいる。子育てをして働いている女性の中にも「やれるものならやってみたいが、管理者としての現在の条件の中で責任を果たすのは難しい」と考えている人はいる。仕事の意欲が低いために「管理者になりたくない」と言っている人もいるが、管理者にトライしたい、チャレンジしたいことを内に秘めて、それが可能な施策がなく、環境がないために「管理者になりたくない」という言葉で表現している人もいるというのが実態だと考えている。

このように、管理者になるための条件が整わなければ管理者になりたくないというような発想をすること自体が、管理者に相応しくないという意見もあるかもしれない。しかし、管理者への登用の環境づくりをすることは、現在の価値観を受け入れた全社視点の人事施策の一つという前向きな捉え方が必要である。

働き方の変化——時間・場所・性別などにとらわれない

これに加えて**「働き方の変化」——つまり労働時間、働く場所、どこに所属して働くか、が一律仕事形態からフレキシブル仕事形態に確実に変化している。**

労働時間の多様化は、言うまでもなく何時から何時まで何日働くかである。これは同時に働く場所との関係で捉える必要がある。どの場所で何時間働くかという従来の「勤務する場所」という概念ではなく「仕事をするところ」であり、勤務場所に通勤しなくても仕事のできるところで仕事をするということである。

そして、その仕事でどのような成果を出すか、その際の時間や場所は問わない、しかもその成果は一律ではなく、その人固有ということである。それはまた、その人と仕事の関係が優先しているので、組織のどこに所属しているかということは優先的ではなく、組織よりもチームの中に自分を位置付けて仕事をするということである。今までの仕事で必要とされていた通勤時間・会議時間・移動時間のすべてが見直される対象となる。

この働き方の変化は、労働時間だけでなく休日や休暇についても相互に関係している。年次有給休暇は、2016年の取得率は49・4％で、政府の第4次男女共同参画基本計画では2020年に取得率70％を目指している。つまり、働くことと休暇を取るバランスが明らかに変化していて、休暇増加がもっと加速化し、それを基に仕事を組み立てることになる。これは、**働くことを最優先にしてきた男性型仕事社会から男性と女性の両性型仕事社会へ移行していくことを示している。**男性と女性が共に働くことを可能とする条件づくりが国だけではなく、企業の人事戦略のど真ん中に入って来ているのである。大きなパラダイム・シフトである。その最適な例が育児休業である。

実際に男性が育児休暇を取得することに対しては、まだ社内の雰囲気としては難しいという印象がある。男性が育児休暇を取って、どうやってこれから仕事で活躍していくのだ、という思いが無言のうちにあるのだろう。その上司の時代にはそういう制度自体がなかったこともあるし、それ以前にそのような価値観自体がなかったから、そういう社内の雰囲気になるのだろうが、変化は確実に起こっている。夫婦両方が働くこと自体が今以上に一般化すれば、共稼ぎ・共働きという言葉がいずれ社会からなくなるだろう。

男性や女性の両方が働く、あるいは男性と女性のどちらかがある時期に働く、そしてまた変わるというようになる可能性は大きい。仕事とライフサイクルのつながりが今まで以上に強くなるので、それに応じた人事戦略、つまり誰がいつ休みを取っても仕事は成り立つ人事マネジメントにしなければいけないということである。

採用の変化――仕事はあるが、人がいない

もう一つ大きなものは、「採用の変化」である。近年、採用が難しくなっている傾向が顕著に見て取れる。2020年代は「仕事はあるが人がいない」ということが普通に起こっていいだろう。そうした意味では採用が急に難しくなった2017年を私は「採用元年」と言っている。これは採用したい企業の数は増えているのに、応募する人そのものは人口減も関係して減少傾向にあるからである。同時に、応募の状況が実に偏っている。1名の募集に700人から1000人の応募がある企業もあれば、何回求人を出しても1人の応募もない企業もある。これは企業規模にもよるし職種にもよるし地域にもよる。明らかに大きな流れとして都心部に応募が集中し、そこから地方に行くにしたがって段階的に応募は減少している傾向がある。

とはいえ人材は必要なので、採用費自体は倍増させているケースも多い。これは相応の工夫が前提であるが、成果につながった例も出ている。しかし、総じて採用掲載費用の高騰と成果は全くと言っていいほど反比例している。以前であればヘッドハンティングはアメリカや上場

企業の出来事であったが、今は中小企業で規模を問わずに取り入れていて、成功例もある。ただ企業の価値観と合うかどうか、また期待職務能力に適合しているかといえば、上手くいっていないことが多い。他方、求職者が何社ぐらい応募しているかというと1人で80社ぐらい応募している。ネットでの応募がそれを可能にしているのである。その中から企業のレスポンス内容のレベルを見ながら判断している。

採用の厳しい環境の中での成功事例を見ると、従来通りの広告を出して応募する人を待っていては間違いなく採用できない。採用できている会社がしている努力と工夫は並大抵ではない。この点は今も昔も同じだろう。見直したいのは、応募者からその企業がどう映るか、募集の際に言っていることは実態としてどうか、入社して自分が成長できるか、その意味で仕事のやりがいはあるか、自分のキャリアにプラスになるか、などは重要ポイントである。またこのような点について、他社との比較をネットで瞬時に行って判断することが可能になっていることに難しさがある。採用担当者は、人事センスというより応募者に対して自社で働く動機付けができるかどうかの経営センスが必要な時代である。お客様から見て会社や商品がどう見えるかの目線以上に、応募者から会社や商品がどう見えるかについて極めて冷静に見直す必要がある。

採用で実績を上げている会社がある。私はこれを「人材を引く力がある」と表現している。

経営理念が本当に経営者の体から迸《ほとばし》り出るほど真剣さがある会社には、規模に関係なく人は集まっている。経営理念・人事理念・人材像が本物かどうか、本気でつくられているかどうか、それを本気で実践しているかが試金石である。この採用の変化について、経営に人事を通じて何を組み入れるかの再構築をしなければ、人は来ない。

定着の変化――「とにかくやれ」についてくる人間はいない

「定着の変化」で言えば、前述したように働く人の会社や仕事に対する見方が変化していることもあるが、採用の時と働き始めた時とで新入社員もキャリア社員も感じている印象が違うようである。社名と上手なプレゼンに魅力を感じて入社してはみたものの、あまりの落差に愕然とするのだろう。例えば仕事の中身や仕事の指示の仕方、仕事そのものの方法があまりにも昔的であるといったことがある。「とにかくやれ、やっているうちにわかる」あるいは「それくらい我慢するものだ、我慢が足りない」といった話が出る。そういう企業で良いのだろうかというのが私の問題意識である。

入社して「この会社でずっと働くつもりはないと考えている人」と「ずっと働いても良いと考えている人」の割合は、私の直感では後者のほうが多いと思う。しかし、それが働くにつれて「働くつもりはない」に変化してくるのだろう。その理由は「仕事をしていても認められ感がない」「同じ仕事のやり方で変えたほうが良いことをそのまま続けなければいけない」「あまりにもハード過ぎる」「会社の中でできていないことがあっても、それを改めていこうという動きがない」「幹部、管理者が口ばかりの人が多い」などだろう。このような点を感情的に「一人前でもないくせに」「仕事ができるようになってから言え」「俺もそう思うけど仕方ない」というように切り捨ててしまわずに「改める」という前向きさがあれば、随分と定着の結果は異なる。

それに採用後の仕事の習熟を高めるための方法を見直していくことは、人材成長の可能性を高めるためにも必須なのである。私は、経営コンサルティング会社の経営助言を数社しているが、経営コンサルタントを育てることは非常に難易度が高い。しかし、これもプログラム化すれば成長の道筋が見えるため、「このレベルまでこうすれば到達できる」というイメージが湧く。結果としてそれが自力で学習することにつながるのである。

これら「4つの変化」がスクラムを組んで経営を揺さぶっているのが現状であるから、当然、経営者は誰でもこうした社会の変化にどう対応するかを考えているはずである。ところが、どこに着眼して対応するか、人事セクションに指示しても、そのポイントがなかなか見出せない、というのが実情ではないだろうか。そうであるからこそ、人事のあり方の次元を変えたレベルで見直しが必要となるのである。

4 今「人事」こそ経営戦略の最優先テーマである

採用・定着・育成・教育は経営者マター（matter）で取り組む

繰り返すように、人事は経営の一番の根幹であり、変化に対して迅速に適応していくべき時代には、常に経営者が人事に対して強い関心を持ち、目配りをして人事施策の具体化を実行していかなければならない。**これから経営者が人事のテーマで足を引っ張られることが多くなる。**その時、営業部長や生産部長などの現場の責任者が、人事部の責任だろうと人事部長を批判して改善を求めれば済むような時代ではなくなってきたということである。

業績に対する課題には先手先手となるが、人について起こっている変化に対応するのは後手後手になりがちである。起きている変化に対応するには、経営層でないと判断できない点も多くなる。そうしたことができる人事セクションの幹部・管理者が意外にも育っていない。従って変化対応が遅れているのである。人事部があるところでも驚くほど旧態依然としている。今の時代のように人事施策や人事制度等を目的を持って組み立てるという仕事になると、人事セクションだけに任せておけない上に、その中心となるセクション自体が十分に機能していないのである。

つまり、これまでの人事セクションの「制度運用＋事務管理」的な対応だけでは通じなくなっている。経営的な組み立ての力が必要な時代であり、**今まで以上に人事に経営視点が求められる。これからのテーマは人事セクションだけでは対応しきれない。**「これからの自社の経営の中で、こうした人事の理念や施策が必要だ」という合意が幹部内でできたとしても、具体化する時に人事セクションのみで実行できるかというと、なかなか難しいのが実情である。

外部から人材を登用する方法もあるが、それもそう簡単にはいかない。ご縁があってもその方ご自身がこれからの人事を捉えていないことが多いためである。大企業や相応の企業であれば人事の最高責任者（CHO＝Chief Human Officer）を設置することも有効な方策である。中堅・中小企業ではそこまではできないことが多いため、人事を総合的・戦略的に討議する場をつくることが必要である。

今いる経営者・幹部・人事セクションの責任者といった人が、定期的に人事にまつわるすべての事項を討議する機会を持つ。そこに私のような外部アドバイザーが入る。このような場でこれからの採用・定着・育成・教育などの人材に関するマネジメント全般を戦略的に組み立てることを議論して、施策を具体化していくのである。

このことは人事の透明性や公平性をつくるために必要なことである。それが社員のモチベーションにつながるからである。上場企業の社外取締役は、コンプライアンスの順守を監視し、派閥による独断を防ぐといったような、意思決定の透明性を確保するための役割である。ここまで社会の変化が大胆に起こっていると、上場企業でなくても企業の意思決定の透明性や公平性が保たれることには大きな意味がある。これはまた社内の人事の透明性をつくるという意味でも非常に重要で、その会社で働く人に「わが社は人事についてここまでやっている」という目線を持ってもらうことは採用や定着に大きく寄与する。これは大きな変革だと思う。

幹部が全社的な人事目線を得られる仕掛けを構築する

実際、私が上記のような立場で外部アドバイザーとして参画している会社では、**経営者・幹部で組織する経営人事戦略会議が発足してから人事の全般に関する動きが変わり、業績にも好**

影響を与えている。そこでは人事に関する理念から、人事制度づくりだけではなく、その運用をはじめとして、それにまつわる人材育成を含めた諸課題を経営者・幹部が議論する。やはり意見の違いを乗り越えてベクトルをつくり出すというのは極めて重要だというのが実感である。

ともすると、人事と言えば「独立性・中立性・秘密性のあるべき部署」というイメージがある。これは裏返せば、人事セクションは現場から遠い存在になる可能性があるということでもある。こうした概念を根底から覆さなければならない。繰り返すように、経営者と人事責任者だけでミーティングしているだけでは、現実の変化に対して動きされない。「人事をこれまで以上に重視しないと経営が立ち行かなくなる」というくらいの意識を持って事にあたるべきなのである。

経営者・幹部が集まって議論をすると、最初は社長と役員の意見の違い、意識の違いが明確に出る。役割が違えばこうした違いが生まれるのは当然なのだが、意見が違っても価値観が同じであるからベクトルが合致してくる。すると、実際にどんな人事の施策を打ち出すかについても方向性が見えるのである。

こうした場を設けることで幹部も人事に目線が向くようになり、問題意識が変わってくる。それまでは営業は営業で人事のことを考えてはいただろうが、それは全社的な視点ではなかったはずである。こうした全社的な議論をする場では、「全社的な人事の中での営業の人事」という目線が持てるようになる。このように各部門の責任者が全社的な視点で人事について考えていけば、責任者自身の人事に対する感度が高まることになる。**人事がわかるようになるということは、経営幹部、そして役員というように経営層に入っていく上で大きな鍵となる。それぐらい人事というのは「伝えて伝えられず、教えて教えられない」もの**である。だから全社人事について討議する場があるということは、経営幹部としての実践を通じた学習の場があるとも言えるのである。

次章では、ここまで述べてきた「人事におけるパラダイム・シフト」に適応していくために、どのような仕組みが必要なのかについて見ていきたい。

第3章　経営の未来をつくる「現場の人事力」

経営戦略は経営者がつくっているが、業績は現場がつくっている。現場に企業のすべてが表れている。経営の強みも、弱さも、問題も、現場にすべて出ている。従って、現場で社員が力を発揮できるようになっているかどうかの差が企業格差である。利益を生み出している企業の現場には、努力を超える工夫がある。この現場を育むことが利益にもつながり、社員のやりがいにもつながる。

現場の仕事にはさまざまな経営の実像が投影されている。人材育成が遅れて高齢化している、意思疎通が悪いために不機嫌な顔で仕事をしている、整理整頓が悪いために動きが流れていないなど、その経営そのものを表している。

1　現場はどうやれば育つのか

現場こそ利益の源

現場の中でも特に管理者のレベルにばらつきがあることは経営者の悩みの種である。しっかりとその職責を全うできる人ばかりではないかもしれない。できる人ばかりが管理者になればいいが、どんな企業でもそれはない。だからこそ、管理者の実務的な対応のレベルを引き上げることは経営的に非常に意味がある。

こうした現場の状況に、これまで述べてきた「価値観の変化」「働き方の変化」「採用の変化」「定着の変化」という4つの変化が覆いかぶさって起こっている。こうした変化は以前から起こっていたことではあるが、かつてはまだ環境が許していた面がある。ところが、今はそのような時代環境ではなく、4つの変化によって問題が顕在化して経営に大きな影響を与えている。とりわけマネジメントの課題は大きい。採用しかり定着しかりである。それはとりもなおさず社会情勢の変化のスピードが速いからである。

これから管理者になるであろうという人たちにとっても、現在、管理者としてマネジメントに関わっている人たちにとっても、現場で活かせる人事マネジメントの仕組みを提供することは大きな意義がある。それを活かして部下をリードしていくことができれば、マネジメントの得手・不得手、適性の有無、手腕の良否という問題をいくらかでも克服できるのである。

社員が仕事で日々活動する現場においては、人事の仕組みは重要で、だからこそさまざまな制度があるのである。その人事の仕組みは、人材に関する一つひとつの判断に大きな影響を与える。従って、現場の人事的なインフラが整うことによって、さまざまな判断の方向性が明確になり好影響を与える。**そのインフラの総称が「現場の人事デザイン」であり、もたらす効果を「現場の人事力」と呼んでいる。**

「現場の人事デザイン」とは、社員が仕事の目的に向かって主体的に仕事をするために必要なマネジメント・プラットフォームを「7つのフェーズ」で組み立てて、管理者は、チームの目的に向かってそれを活用し、人材を成長させて生産性に貢献する仕組みを指している。

繰り返すように、「現場の人事デザイン」とは、この7つのフェーズで組み立てられる仕組みの総称であり、その仕組みを運用することによって発揮される効果を「現場の人事力」と呼ぶ。そして「現場の人事力」が発揮された時には、結果として社員全体の主体性が増し、生産性が上がるという絵が描けるのである。現に多くの企業で実績を上げている考え方と仕組みであり、新しい人事のアプローチである。この7つのフェーズについては後ほど詳しく述べることとする。ここでは、現場の人事デザインの仕組みのポイントについて述べる。

10人の課を一つの単位とする

「現場の人事デザイン」は、課（チーム）のメンバー10人前後を想定して考える。この10人には経験も仕事レベルも違う多様なメンバーがいる。このようなチームが組織の中にいくつもある。そのチーム一つひとつが主体性を発揮したら凄い結果になることは容易に想像がつく。このチームが活性化するためには、リーダーシップのマインドも必要であるし、今までのようにリーダーをはじめとする各メンバーの役割内容を示すことも意味がある。しかし、役割の定義以上に人材の成長と生産性の向上のために、メンバーに対して重要なマネジメント・テーマについて実践的な方向性を示す必要がある。リーダーである管理者が各メンバーに対して仕事の指示はもとより、多様な角度からチームを活性化させ人材を育て生産性を上げる行動をする。その際、管理者自身に現場の人事マネジメントについて基本的な対応ができる仕組みを組み立てておくことが重要である。

ここで言う人事とは賃金・賞与・昇進・昇格・配置異動などの人事部が全社的にコントロールする人事処遇を指しているのではない。管理者が部下であるメンバーに対してやらなければいけない人事のマネジメントに関する重要なテーマについて、経営者の視点、管理者の視点、社員の視点を踏まえて7つのフェーズで組み立てることで管理者はそれを活用して極めて効果的なマネジメント活動ができるということである。

一つの営業課について考えてみる。この課には、社員のマネジメントについて、トップから、人事部から、部署を統括する営業本部から、あるいは経営企画室からさまざまなマネジメントについての方向性が発せられる。いずれも重要でどれも実行しなければならないが、とりわけ人事のマネジメントについては管理者自身が積極的にアクションできる仕組みになっていれば、その都度の指示や報連相はあるとしても大きく違うことはない。

営業課が営業本部のコントロール下にあるのは必要なことだが、部課の主体的な判断で経営理念に基づいて管理者ができることは通常の業務管理以外に多く存在する。ただし、経営理念から思考を巡らせて日々の具体的な取るべき行動を判断できる管理者はよいが、そんな管理者ばかりではない。実際、日々の細々とした行動で常に経営理念を意識できるわけではないし、判断の軸として経営理念だけでは抽象的すぎて日々の行動指針までブレークダウンできないことがほとんどである。それを上位者に相談しても「それはあなたが考えなさい」と言われてしまう。実際そうなのである。その時「現場の人事デザイン」という仕組みを持って7つのフェーズを体系化しておくと、それに沿った指導・育成・面接などの人材マネジメントができるので、成長に導きやすくなる。

仮に営業課について、トップをはじめとしてあらゆる部署からマネジメントの方向性が一本化されて明確になっているため、管理者のところで指示の混同はないとする。この場合であっても、管理者は7つのフェーズに関しては自力で考えてあらゆる部署に質問や確認をしながら人事マネジメントに対応していかなければならない。それが実態なのである。すべての管理者が、個別事案について個別に考えて個別に質問し、確認して対応することは甚だ不合理である。社員全体から見ると、「管理者によって言うこともすることも全部違う」という現実になるのである。繰り返すが、それは管理者の個性によるものではなく、経営の仕組みの放任である。

これは営業課だけではなく、あらゆる部課・チームに起こる課題であり、実際に起こっている課題である。人事部自体もそうである。管理者の役割の目的を考えれば考えるほど重要な課題なのである。

これまでもこれからも管理者にとって悩みの大きい人事のマネジメントについてのプラットフォームがあれば、それをベースに社員に対応できる。これがあるために管理者の人事のマネジメントについて個性を失くさせることはない。むしろ逆で、管理者自身が、自分たちの部課が存在する目的のためにマネジメントを行う上で、人事に関して何をどう判断すべきかという判断軸になるため、判断が安定してブレなくなる〈図表2〉。

この部課（チーム）の人事マネジメントの流れは、2011年3月11日に発生した東日本大震災以降、特に組織の活性化の動きとして注視されているものである。震災当時、現地で本部の確認を取る時間もなく主体的に行動して、被災者または利用者にさまざまな支援をしたことを評価された企業が多くあった。この本質は何か。本部の指示を受ける前に迅速に行動したことも評価されたが、それ以上に、その現場でしなければいけないことを現場が判断して目的のために主体的に行動したことである。危機に臨めばこうしたことはできるものである。

この事例以後、この**チーム単位のマネジメントのあり方によって組織の成果が大きく変わる**という現象が比較的見られるようになった。これは、企業再生をはじめとして、新製品開発、業績不振支店の再生、地域の活性化など、チームのメンバーの力の引き出し方で成果が大きく変わる事例が多く報告されている。これは大企業や中堅・中小企業を問わず、組織の全体の動きが弱くなったり遅くなったりすることが、最近とみに多くあり、チームのマネジメントのあり方によって成果がストレートに変わる重要性を物語っている。

図表2　「現場の人事デザイン」による
「現場の人事力」の創造

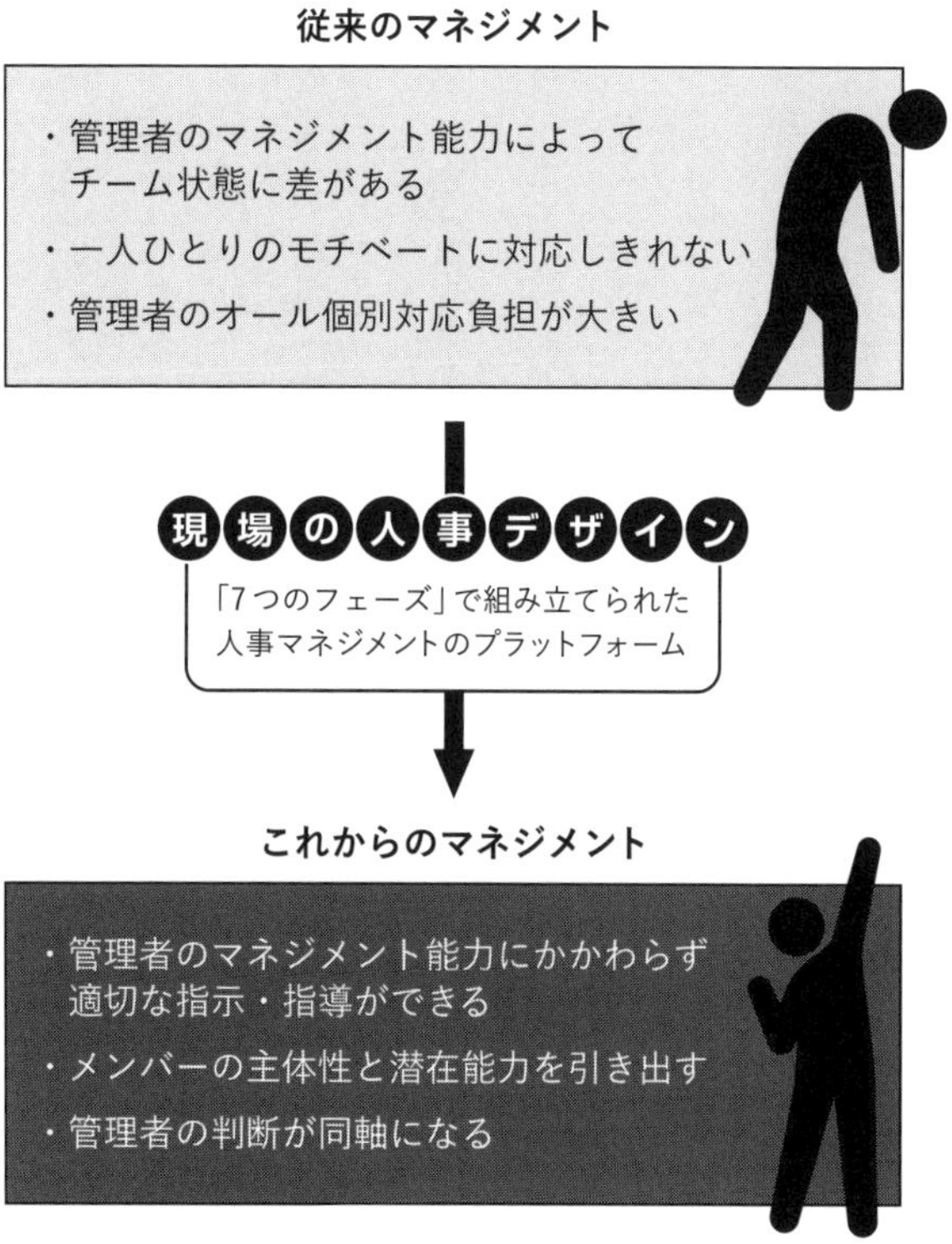
従来のマネジメント
・管理者のマネジメント能力によって
チーム状態に差がある
・一人ひとりのモチベートに対応しきれない
・管理者のオール個別対応負担が大きい
現場の人事デザイン
「7つのフェーズ」で組み立てられた
人事マネジメントのプラットフォーム
これからのマネジメント
・管理者のマネジメント能力にかかわらず
適切な指示・指導ができる
・メンバーの主体性と潜在能力を引き出す
・管理者の判断が同軸になる

こう考えると、**現場を担うチームが、チームの目的と目標に沿った成果を出すためには、それに必要な人事のマネジメントのプラットフォームが必要である。**そうでなければチームの機動力という特質は活かせない。チームも多種多様であり、そのリーダーもさまざまであるので、人事のマネジメントをチームの独自性に任せてしまってもそれはそれで問題がある。チームという現場が、人事のプラットフォームを組み立ててその活用によって効果を出すことができれば、そのチームだけでなく組織への横断的な展開も可能になり、その効果は大きなものがある。

会社と自分の「仕事の目的」が適合しているか

仕事の目的は社員にとっては経営理念以上に身近なものであり、人材の成長にはこの目的と実際の仕事のつながりをつくることが重要である。日頃、活性化していないチームは仕事の目的を口に出して言うことは少ないが、活性化しているチームはいつも言葉に出して要所要所ではこれこそが判断の軸になっている。それもシンプルな言葉にしている。

「何のために」という仕事の目的はいわば仕事の思想であり、これを体得するだけでも時間を要する。そして仕事の目的を理解して実践することは経営理念の具体化につながっていくのである。

例えば、仕事で成果を出していて、なおかつお客様から支持されている人は、会社で言っている仕事の目的も理解しながら、自分でも仕事の目的を見出している人である。それが会社の目的ともズレていない。優秀な技術者は、何のための技術かを理解していると同時に、自分でも習得してきた技術が人の役に立てばいいとシンプルに考えている。会社の目的と自分の仕事の目的は見事に適合している。こうしたことは、人材の成長過程でも見られることがある。例えば、営業であまり成績の良くなかった人がある段階から良くなってきた。なぜかと言うと、お客様のために一生懸命やらなければならないと思い直したのだといって、お客様のことを真剣に考えて提案するようになり、その上に親身になった対応をしたことで、結果として成績が伸びていく。

仕事の目的は、会社も管理者も社員に常に伝えていかなければいけないが、成長の段階では、社員が実体験を通して自分なりにそれを理解できるようになると成長に変化が現れると私は分析している。**本来の仕事の目的と自分なりの仕事の目的が良い意味で重なり合うことで、主体的に取り組むことにつながっていく**のである。

「主体的」とはどういうことか

主体的とは、「行動をする時、自らその主体となって働きかけること」を指す。

主体的になれる条件が整うから主体的になれるのではなく、そうした条件が整わなくても主体的になるのが本当の主体性である。しかし、それを備えた人材の出現を待っているだけでは間に合わない。経営である以上、最大の効率と効果をつくるためには、その環境づくりをしなければ成果は得られない。**人が主体的に行動するというのは人類の最高価値である。それが仕事の現場で発揮されるなら、それこそが人が集って働くことの本来の意味だろう。そうして主体的になれる人を一人でも多くつくることを目指すのが経営である。**

そのためには、社員が主体的になるためにできることを組織的に展開する必要がある。主体的になるためには社員個別への対応は必要であるが、それだけでは限界がある。そのためのインフラを構築することができれば、主体的になる可能性は高まるのである。**現場の人事が変われば人の動きも変わり、人の動きが変われば経営が変わる。現場の人事デザインは、そうした思想を持った仕組みである。**

人を大切にすることを敷衍して考えてみると、主体的に動けるファクターは一人ひとりに存在する。『論語と算盤《そろばん》』を著し、日本の近代経営の骨格をつくった渋沢栄一の言葉に「一人ひとりに天の使命があり、その天命を楽しんで生きることが、処世上の第一要件である」というものがある。それぞれに持って生まれた素晴らしい資質や素材があり、それが上手く発揮される場合に、人は主体的な行動をするようになる。職場で一人ひとりの資質や素材を発揮できるように主体性に働きかけるために、上司として一人ひとりの特性をつかみながら主体的に動ける仕組みは、人材活用の本質的な要請と言える。そのための仕組みが「現場の人事デザイン」なのである。

7つのフェーズの要点

通常、「人事力」という言葉は、人事制度を含めた人材の仕組み全体を含む総合的な力を指す。従って、その運用は人事部などの専門セクションが担うことになる。それに経営者がさまざまな方向性を示し、指示を出すというのが一般的である。

私は、経営を取り巻く環境変化の下で、現場という部課で人材に関して必要なことがしっかりと立体化して組み立ててあれば、管理者であるリーダーはそれを手元で活用することができると考える。それは取りも直さず管理者だけでなく、経営者が本来期待している姿でもある。

この人材に関するマネジメント・プラットフォームである「現場の人事デザイン」によって「現場の人事力」を担う中心は管理者である。これは従来の人事部を中心とした人事とは一線を画しており「現場目線の人事の再構築」という発想から私が独自に組み立てたものである。

以下、7つのフェーズのポイントを簡単に説明しておきたい。

この7つは、私の長年の経営コンサルティング実務の中で課題として毎回出てくるくらい討議の頻度の高いテーマである。これは、お客様がもっと成長するためには組織人事領域では何をすべきかを考えあぐねていた時に、自分自身がコンサルティングの現場で、これらの7つのフェーズに関するテーマについて、繰り返し、しかもいろいろな角度から関係付けて討議していることに改めて気づいたのである。

人事制度のコンサルティングをしていれば、討議のプロセスには組織人事のさまざまな課題が議題に上る。例えば経営理念が浸透していないことが品質問題につながっている、人事考課に上司も部下も不満がある、問題のある社員の原因について遡ればコミュニケーションの問題がある、子育て中の社員の勤務体制の変更をしたら独身社員から不満が出ている、上司の基本行動が緩んできて部下に嫌気がさしている、部下が自分のキャリアについて相談に来たが上司自身がキャリアを考えていないなど、実にさまざまなことがある。**これらの問題の中には、基本的な原理を示しておけば管理者が主体的に行動して改善できることも多くあるのである。**むしろ、そのほうが多いとも言える。そうした一つひとつの問題について常にゼロから対応を考えなくともよいのである。また、管理者の上司も経営者も極めて指導がしやすくなる。

そこで7つのフェーズのプラットフォームがあれば、管理者自身が組織人事的な課題について対応することが実践的に可能になるのである。実際例を見ると発生する課題の大部分には対応できると言っても過言ではない。

しかも、私の経験として、7つのフェーズの1つについて改善のレベルが上がると、他のフェーズにも連動して良い効果が出る。経営というのは連鎖反応的に改善の効果が出るというのが実感である。従って、この7つのフェーズは経営を強く優しくする切り札であり、これらを一体的に運用できれば組織人事の課題の改善に好循環の変化が起こる。

仕事を通じて人材を成長させる仕組み

この7つのフェーズは本来、仕事を通じて人材を成長させ生産性を高めるためには、相互に関係付けて運用されなければいけないものである。**人材の成長は仕事を通じて行われるもので、**

仕事と人の関係を論理的に関係付けることができれば成長の可能性は高くなる。従来は「管理者には人材を育てる力の違いがどうしてもある」という前提に立っていた面があった。つまり人を育てられる力を持っている人は育てられるが、そうでない人は難しいという極めて当たり前の前提になっていた。確かにそうである。そして、そう簡単に人を育てられるようになるものではない。

しかし、そう言って現場の人事の仕組みを従来の通りにしていては、人事を取り巻く環境の変化に適応できないばかりか、マネジメントが停滞して命取りにさえなりかねない。こうしたことに私は強い危機感を持っている。時代の変化を見ると成長要因をその人ごとに明確にすることと共に、その人ごとの対応が必須になっている。それこそが「価値観の多様化」が現場に表れている現象である。これからの人事マネジメントは、人事制度の効果は管理者次第で異なるというようなのんびりしたことを言っている場合ではないのである。その意味で7つのフェーズの運用で現場の人事マネジメントの品質低下に歯止めがかかると同時に、現場のトータルな人事マネジメントができるようになる。経営におけるこの意味は大きい。

2　現場の人事力がなぜ主体性を育てるのか

チームの人事課題の改善を方向付ける

チームが成果を出す要因はいろいろある。その成果を出す要因として人事的・組織的なプラットフォームを構成しておくことが必須である。チームが成果を出すプラットフォームがあれば、その仕組みの下でメンバーに動機を提案し、意欲の方向性を示すことができる。これが「現場の人事デザイン」によって「現場の人事力」を創造するということである。

チームには多様な人事課題があり、問題が起こる。例えば、人事考課の課題の例で考える。人事部から管理者に「考課を記入して何日までに出すように」と指示がある。その考課基準と考課フォームは、現場の実態に即していないと感じるし、そのような考課をすること自体が、日頃、経営者が一人ひとりを大切にしろと言っていることとも違うとは思うものの、期日までに記入して提出する。

こうした場合、一人ひとりの仕事の実態に即した仕組みに人事考課を組み替えていれば毎期の考課に悩むことなく、むしろ日々の観察力は高まり、結果としてマネジメントも良くなるし社員にもフィードバックしやすくなる。社員は日々の仕事と人事考課がつながっていることを実感するため、考課ポイントの方向に向かって行動することに意味を見出すのである。

別の例でも考えてみよう。例えば社員の離職についての課題である。中堅社員から離職の申し出がある。その報告がトップに行くと、コミュニケーションを充実させるように社長室や人事部から指示が出る。コミュニケーションについて、トップが「たまには飯でも食べながら話せ」という指示を出すと現場に届く指示は義務的に「最低月1回の食事会」となる。そこには肝心な「コミュニケーションの中身」としてどうあるべきかはない。大事な人材がコミュニケーションのズレで辞めるという指摘をされても、管理者にはそれを改善して定着させる方途が見えない。

この場合は、管理者のためにコミュニケーションに関して方向付けがされていれば、まず、それを活用することができる。それがなくてもいろいろな先輩や上司に聞くことはでき、多様なアドバイスをもらうことはできるだろう。それはそれとして意味があるが、本来、コミュニケーションについて経営的に方向付けが何もなく、管理者に一任していることが問題なのである。離職の申し出はある日突然である。離職の申し出は以前と違って100%翻意はない。定着を図ろうとしてもまた辞めるのではないかと不安になって言うべきことも言えなくなる。コミュニケーションを通じたモチベートの理解と仕組みがあれば、それを活用しながら社員の持っている課題に対して対応することができるため、離職の可能性は下がる。現場は無策ではなくなる。**部下は、管理者の無策を見ているのであり、その無策が会社そのものの無策に見えるの**である。「そんなことはない」と人事部が力説し、経営層が個別に話をしても社員には何となく通じないという感触は否めないのである。

さらには基本行動についての課題である。例えば、発注したが反応がないというような基本的なことができていなくてお客様からクレームがある。トップから基本的な行動の徹底を図るように部長を通じて指示がある。管理者は基本を守れと社員に指示を出す。以前のクレームの時もそうだったが、また再発してしまう。クレームの原因となった基本行動は単にその一部であり、それに対処療法を施しても再発する。基本行動そのものの理解をつくって、その底上げをしなければ体質は変わらないままで何度も同じことは起こる。

基本行動は、口酸っぱく言っても組織の体質と深く関係しているため「指示したら良くなる」というレベルで徹底するものでもない。日常から浸透させていくためには人事というより組織の実践体質と仕組みが必要であろう。日々の基本的な行動の重要点を分解し、起こった問題を分析することで、社員の基本的な行動の指針をつくることができる。こうした行動指針が明文化されていれば、行動の品質低下に歯止めはかけられる。

現場の人事的な対応力を高める

このような例は、管理の現場では実務的にはよくあることと受け流すかもしれない。「これが管理者というものだ」と言ってしまえばそれまでである。しかし、これが日常化していたら人が育たないだけではなく人を採用してもすぐ辞める。これを何とかしなければ今日の環境変化の下で、管理者が個という一人の社員に柔軟な対応をすることはできない。これこそが私がもっと現場に即した人事を提言する理由である。

人材に関して重要なことほど、繰り返し言われてはいるが、案外仕組みにはなっていないものである。現場の人事的な対応力を高めることができれば、マネジメントに良い変化は必ず起きる。つまり、管理者は、社員について多様な人事の仕組みの下でさまざまなことに取り組む必要があるが、それが体系的に整理されていれば効果が出る。それは紛れもない原理である。そうなっていれば管理者が主体的に行動するインフラができるため、結果として社員が主体的になる可能性は高くなり、時間はかかってもマネジメントは良い方向に動き出す。

3　経営で先手を打つためにはリード役の人事の仕組みが必要

人事は経営に先行して改革すべきもの

2〜3年先にこのような組織になりたい、このような組織状態にしたい。そのために人事制度を改革することに取り組む。改革は常に「できていないことをできるように断行すること」だから、現在は組織人事でできていないことがあっても、それを人事の仕組みを運用しながら改革していくのである。この人事の仕組みが改革の指針そのものになる。

「**社員は人事制度の方向に動く**」。これは私の35年間の経験知である。不思議なほど社員の行動がその方向に動くのである。例えば実力主義にしたい、だから実力評価ができる仕組みをつくる、しかし現在は実力評価には課題が多い、だからそれができるように改革する、といったようなことである。経営者が「1年後からは実力主義で評価する」と口にした瞬間から人はそのように意識して仕事をし始める。評価されることだけを考えて仕事をするわけではないが、社員の意識は評価される方向に自然と向いていくのである。実力主義にするために、現在の何をどう変えるべきかを議論し、実力の定義をクリアにして、個人別の評価の仕方やチーム別損益のあり方を議論し、さまざまな検討を経て制度がスタートする。制度をつくるために仕組みを変え、その運用のために努力し、運用の過程で組織は変化して組織力が蓄えられていく。結果的に2年後もしくは3年後には実際に実力主義的な働き方になる。そうすることで経営が変わっていくのである。

基本原理を示す7つのフェーズで人事のインフラを整える

これからの人事は「人事部マター」ではなく「経営者マター」である。

今までの人事は人事部発想でも良かったが、これからは経営的発想がないと仕組みをつくっても恐らく機能しない。また、人事制度を維持するというような守りの発想では、外部環境に適応できないばかりか内部環境である社員にも適応できない。しかし、それができれば人事への機敏な対応力は社員の成長に確実につながる。ひいては採用にも波及効果が出る。

これから人事に関する環境については、今まで経験したことがないような時代に突入する。

2020年代はそうなるだろう。人材を採用できない、人材が定着しない、人材が育たないということで経営そのものが大きな危機に追い込まれることは今まで以上に十分あり得ると考えている。それに対して対応できるようにしておく必要があるが、管理者のマンパワーはすぐには改善向上しない。だから、人事マネジメントについて効果を発揮できる基本原理とプラットフォームを明確にしておく必要がある。その基本原理を実務で活かすためには「現場の人事デザイン」と、その効果である「現場の人事力」が必須である。管理者のマンパワー自体も課題が多いが、仕組みが整っていなければ尚更である。こうした基本原理は7つのフェーズに集約できる。その意味で7つのフェーズは成果を出すインフラになるのである。

第4章　社員一人ひとりの「稼ぐ力」を生み出す

第1章では経営の現場で起こっている問題点について述べた。この問題点は組織人事の今日的な課題であり、第2章では人事のパラダイム・シフトに適応した人事に変えなければならないと述べてきた。その解決のために第3章では「7つのフェーズ」の考え方を述べた。本章では「7つのフェーズ」のそれぞれについて詳しく解説していきたい。

1 なぜ7つのフェーズか

動態的な人事マネジメントを行うために

ここに掲げる7つのフェーズは、企業によっては、全く形式知になっていないか、もしくは部分的に形式知になっているものもあるかもしれない。また、形式知にはなっていないが日常的に言葉では伝えていて暗黙知化していることもあるだろう。いずれにせよ組織の中に単に静態的にあるという状態で、しかも人事マネジメントの軸として分散したバラバラな状態では、前述のようにこれからの組織人事の課題に対応していくことは難しい。

重要なことは、ここで提起する7つのフェーズの内容の方向性を明確にして、管理者が現場で活用できるように人事マネジメントの軸を同軸にして動態化することである。7つのフェーズは単独であっても効果があるが、相互に関係性を深めればより一層の経営的な効果がある〈次ページ図表3〉。この効果は、現場で起きるかもしれない問題の事前予防にもなるし、予防以上に社員をモチベートすることにもなる。

その7つとは、次の通りである。

①経営理念・経営フィロソフィのフェーズ
②人事考課のフェーズ
③人材育成のフェーズ
④働き方のフェーズ
⑤コミュニケーションのフェーズ
⑥キャリアのフェーズ
⑦基本行動のフェーズ

この7つを選んだのは、これからの変化に適応する人事マネジメントの鍵になるテーマであ

図表3　人事マネジメントを動態的にする

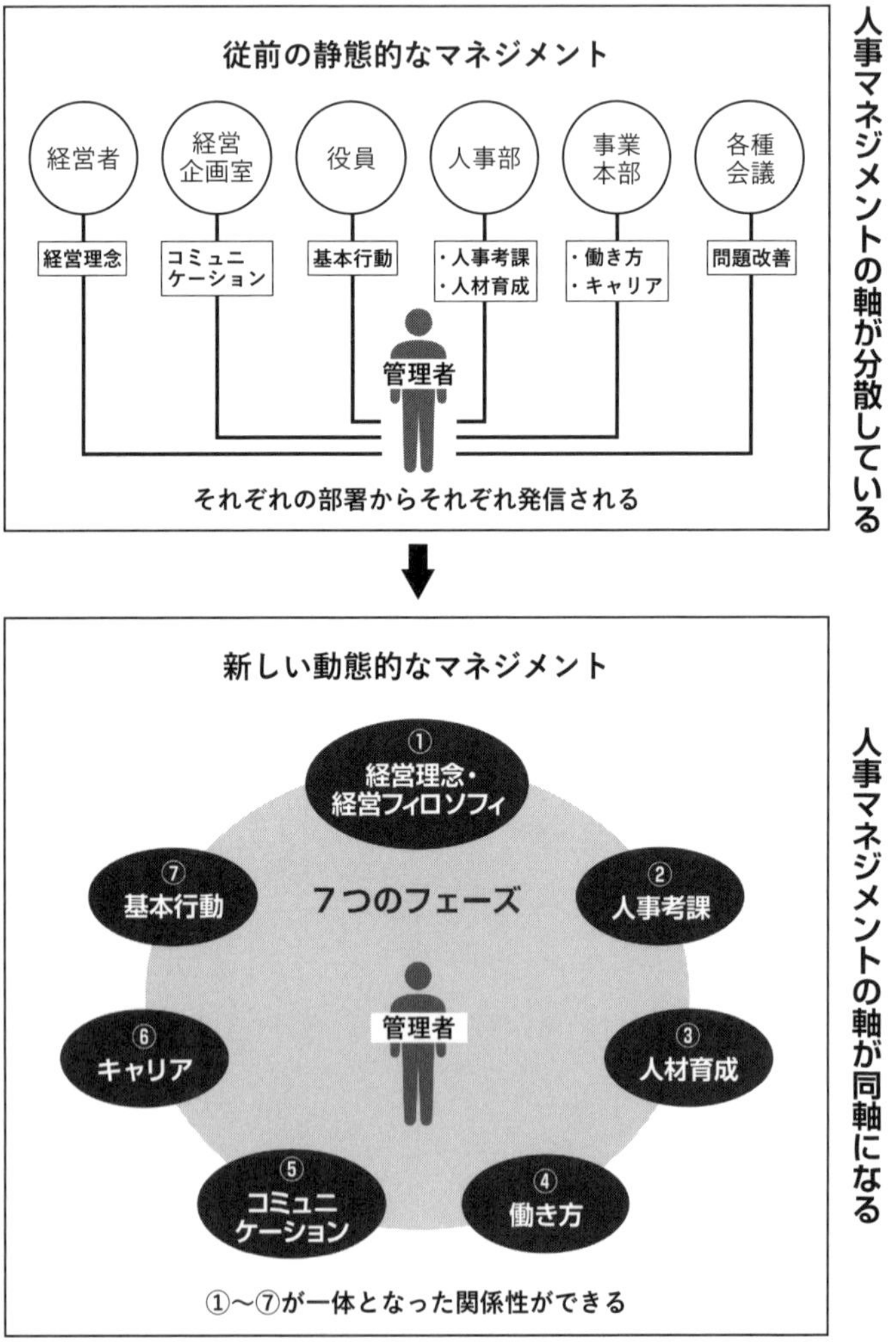

るという視点で、次のことを踏まえて考えたものである。

・現場で人を育てる上で出現する割合の高い課題であり、管理者が対応する必要があるポイントであること
・この7つのフェーズに掲げている中のいくつかが重なって、現場で人の問題となって発生し、短期中期に生産性の足を引っ張る要因になりやすいものであること
・このフェーズが整っていると、管理者にとっては日常の管理と指導育成を行うバックアップになり、社員は上司の考え方を理解しやすくなるポイントであること

「説明できるマネジメント」への転換

この7つが体系的に整うと、管理者の人事マネジメントが、上司や関係部署に確認せずとも管理者自身でコントロールできるようになる。また、一人ひとりへの対応がおざなりになることなく説明できるマネジメントになるため、社員がマネジメントの内容について理解できるようになる。説明できるマネジメントは、説明しようとする行為そのものが信頼につながるので、結果として管理者と社員の考え方のベクトルが合って、社員が主体的になる基盤になる。それ

によって管理者が社員をモチベート（動機付け）しやすくなり、その人に応じた対応が可能になる。これは実務的に検証できている。

一方でこの7つが不整合の場合は、経営者・役員・幹部・他の管理者・経営企画室・事業本部など、いろいろなところから管理者に指示・通達・指導などが各々示されるため、管理者の人事マネジメントがばらばらになされてしまうのである〈134ページ図表3〉。

現場で起こるさまざまな人事マネジメントに関する判断の軸は、長い間その企業に勤務して、いろいろな出来事を通して体得することかもしれないが、これだけの変化が押し寄せている時代に人事マネジメントの軸がそれでは、現実に適応していないと言わざるを得ない。考え直す必要がある。そのために、判断の大きな軸になるものをあらかじめ示しておけば、それで判断できる。

企業によっては、「公平性のあるマネジメント」「方針徹底のマネジメント」「個を活かすマネジメント」のような抽象的な方向性は示している。それは頭で理解できる方向性ではあっても、具体的な事案に対してはその時々で個々に判断するしかない。なおかつ、問題によっては、その当事者へのサポートやフォローも必要なことが多くある。それについてもフォローがないためにまた次の問題になるという対応を繰り返すことが多いものである。例えば、クレームを起こした社員がいるとする。7つのフェーズが体系的にあれば、それで全部が全部、問題が起こった時に対応できる内容ばかりではないが、少なくとも問題の当事者である社員についての指導育成の指針として活かすことができる。現場でここまではやって欲しいものである。

2　成長と生産性を変える7つのフェーズ

経営者・幹部・管理者・社員の「視点の違い」を乗り越える

左に7つのフェーズについての基本メッセージを示した。これらはそれぞれの代表的な意味を示している。

①経営理念・経営フィロソフィ……浸透の充実
②人事考課……………一律から一人ひとりへ
③人材育成……………3つの柱を育てる

④働き方……………………仕事の改革
⑤コミュニケーション…………コンセプトと企画
⑥キャリア……………………社員と会社の共創
⑦基本行動……………………人と組織の基本

7つのフェーズを実務的に組み立てる場合には、内容を具体的に掘り下げる必要があるが、そこまで掘り下げてみれば、これらが整っていないと現場で成長や生産性の足を引っ張っていることに気づいていただける。社員が働き、現場を動かしていくために、なぜ、これほど大事なことが管理者に一任されっぱなしになっているのだろうとつくづく思う次第である。経営者は、管理者にもっと役割を果たして欲しいと願っているし、管理者もどうしたら人事マネジメントが効果的になるのだろうと模索している。その両者の架け橋はあるようでないままに実務は動いているのが実際である。

それぞれのフェーズについて、経営者・幹部・管理者・社員それぞれの立場から見れば役割が異なるので、同じテーマでも視点が異なり結果として意見も違う。それらをクローズアップすることで、その違いに気づいていただきたい。ここに掲げている意見は数多くの経営者との対話の中で出てきた意見、幹部・管理者とさまざまな機会に接する時に感じたこと、社員の人たちが疑問に思っていることとして上がってきた意見を今までの経験から俯瞰して仮説化したものである。だから、どの企業のどの方の意見ということではないことをお断りしておきたい。

またこの視点の違いを統合しつつ乗り越えるために、成長課題として何を設定すればいいのかを提起したい。課題の選び方によって、どういう仕組みをどういう理由でつくるかが変わってくるからである。次に、各フェーズについて、それを改善するために必要な考え方と仕組みの例について見ていきたい。ここで考え方と仕組みと言っているのは、テーマや課題に対して、どのように実務的な対応ができるかを示す上で、考え方があって、それを実行するために仕組みがあるからである。これらの理由で以下の視点に基づいて7つそれぞれを解説していく。

○なぜこのフェーズが必要なのか（現場の人事力をつくり上げる上で一つひとつのフェーズがなぜ必要とされ、経営にどのような意味・価値をもたらすのか、またどんな視点で捉え、現状をどう変えていくべきかを解きほぐす）

○経営者視点から見た課題（それぞれのフェーズについてさまざまな経営者の意見を仮説化し列記することで、経営サイドの課題と切実な思いを浮き彫りにする）

○幹部・管理者視点から見た課題（現場の最前線にいる幹部・管理者からの現実的な意見を取り上げ、多くの会社で起こっている代表的な問題点を提起する）
○社員視点から見た課題（前記に加えて社員からの率直な意見もあわせて挙げることで、現場の実情をより深く、幅を持って捉えられるようにする）
○成長課題と仕組みの例（より質の高い段階を目指す上でのポイントを述べると共に、考え方を仕組みに落とし込んだ実例を紹介する）

①経営理念・経営フィロソフィのフェーズ……浸透の充実

○なぜこのフェーズが必要なのか

経営理念は企業が目指していく最高の価値観であり、経営の根本価値である。経営フィロソフィは、経営理念をより具現化して考え方や行動の指針とするものである。経営理念は、意味を理解して全社員で共有して実践し続けることで具現化し、浸透に近づくものである。ある意味でゴールはないかもしれない。それが浸透しているかどうかは商品やサービスはもとより、まさに社員の行動にはっきり表れるため、現場で管理者が問題意識を持った活動が必要である。従って、経営理念の浸透について管理者がイメージを湧かせて社員と理解を共有し、実践につながるように組み立てる必要がある。ただし、あくまで企業が経営理念についてそれなりの浸透に向けた活動があって、その上に管理者が社員に向けて理解を深める行動ができるようにするものである。特に、経営者・幹部の経営理念に対する行動見本は、管理者の浸透活動をバックアップするものである。

○経営者視点から見た課題

・経営理念について、その理念の意味と実際の仕事との関係について、真剣に繰り返し繰り返し説明している。初めは抵抗感というよりそんなものかという感じだったが、こちらが真剣になれば意味は通じるものだが手は緩められない。浸透の仕組みが必要だ。
・経営理念について、事あるごとに話をしているので理解していると思っていたが、幹部でも理解がばらばらである。これでは社員が理解できていないのも当然だろう。まず幹部に理念の始まりや意味などを再教育しないと浸透しない。
・浸透のための努力を相当してきているつもりだが、起こっている問題をよく分析すると判断基準にするように体得できていないことが多くて難しさを感じている。社員よりもむしろパートタイマーのほうが実感を持ってわかってくれていて、やはり生活感の違いだろうか。社員自身のためにも理解を深める努力をしたい。

・リーダーが、頭では知識としてわかっているが行動を見ていると肚に落ちていない。いざ判断の時に軸になっていない。社員が経営理念や経営フィロソフィに抵抗している感じはないが、かといって浸透している実感もない。コツコツと辛抱強くやる以外にないのだろう。

○幹部・管理者視点から見た課題

・経営理念や経営フィロソフィは、部下に何度も説明している。反対するわけではないが実践にはばらつきがある。何とかわかって欲しいと思っている。繰り返すしかないのかと思う。

・経営理念や経営フィロソフィと仕事で起こったことを関係付けて指導するように言われているが、クレームなどは関係付けられるものの、理念の勉強が進んでくると抽象的に理解してしまい、実際との結び付けを忘れて理論的になってしまうように感じる。

・目標達成が優先しているので経営理念や経営フィロソフィのために時間をつくるということが十分できていないが、確保する努力の必要性はわかっているつもりだ。経営フィロソフィを共有するために会議の時間の一部を使うこともやっている。

○社員視点から見た課題

・経営理念に反対ということはないし、会社の理念というのはそういうものだと思う。経営フィロソフィは具体的なことで少し押しつけのようにも感じるが、仕事では大事なことだと思うので読んでいこうと思う。

・経営理念は同じような内容の話の繰り返しで、勉強になる点もあるが、繰り返し学習することに意味を見出せと言われても、もう少し違うやり方がないのかと思うし、やり方を変えると興味も湧くと思う。

・上司が忙しくて、あまり重要とは思っていない感じで、社長の前だけ大切だと言って、実際は大事だというような感じはない。

○成長課題と仕組みの例――「地道にコツコツ」こそ王道

経営理念が形骸化しないように経営理念を理解・共有・実践する仕組みが必要で、それを体系化しながら浸透させることが重要である。経営者から**「地道にコツコツ辛抱強くやるしかな**

いか」とよく言われるが、それしかないのではなく、それが王道だと思う。しかしそれを組織の中で行うのはいかに難しいことであるか、起きている問題を見ているとそう実感させられる。

なぜ浸透させる活動が続かずに中断するかは、浸透させる人にも要因があると仮定して、それを支える仕組みも考えるべきだろう。「仕組みがあれば浸透するか」「継続すれば浸透するか」という質問を受けるが、どちらもないと浸透という状態に近づくことはない。**仕組みがあっても浸透は容易ではないが、仕組みがなければ基礎的な浸透状態はつくれないし、継続的な浸透は実現できない。**ある企業で実践の良い例・悪い例を示して理解する活動を続けられたが、それが浸透の基礎になったのは事実である。理念浸透は、熱意と仕組みが成果に表れる。

そして、その仕組みに基づいて管理者が持続的な理解を共有する活動をしているかどうかである。1つ目は、理念や経営フィロソフィは抽象的なテーマのようだが、極めて日常的な出来事に関係付けることができるため、その段階まで掘り下げる必要があるということ。この関係付ける力が管理者の実力だから、関係付けのために理念を考える事例を集めたケースづくりは浸透活動の一つとして有効性がある。このケースは社内で起こった出来事だと感情が絡むため事例になりにくいが、特殊な事情を削ぎ落して作成するなら非常に有効である。

2つ目は、その企業で経営理念を一番わかっているのは経営者であり、浸透させるためには経営者が肉声で「自らの思いの根源」を語る機会を可能な限りつくる必要がある。場所的、時間的に難しいなら動画やＤＶＤの活用も意味がある。理念の浸透のために経営者以外に理念を相応のレベルで伝えられる人づくりもしていく必要がある。これが意外にいない。**理念を言葉として受け継ぐことはできても意味の理解と行動を受け継いでいくのは容易ではない。**制作したＤＶＤを管理者が社員と共に観て、その感想を語り合うなどは活用の一つである。特に理念は創業の動機であり魂であることを伝えて、なぜこの言葉を選んだかまで説明されていると、理念の浸透に相当役立つ。

３つ目は、具体的な仕組みとして、「経営理念の説明書」をつくることである。経営理念について、いつ、どのようにつくり、なぜこの表現にしたのかといった「作成の背景や意味」という根本的なことを説明したものが必要である。理念の理解は幹部・管理者・社員によっても差があるが、社員ならともかく幹部・管理者が自己流の理解をしていることが多い。トップと触れ合う程度の強弱が理解の程度の違いであるとも言えるが、必ずしもそうとばかりも言えず、説明できる状態づくりは必須と言ってよい。理念の抽象的な言葉について詳しい説明をせずにその時々に考えていくことにも意味があるが、意味の変質ということもあり得るのであり、それがいい加減な解釈を生むことにもなりかねない。

４つ目は、「経営フィロソフィの作成」が重要である。経営フィロソフィを作成したほうが理念は実践化する。社員数が多くなればなるほど、これがないと理解のばらつきが非常に大きくなる。組織の中の当事者は気づかないだけである。組織の中には良いこともあるが、あって欲しくないことも多くありがちなため、経営フィロソフィでそれが起きないように指針としていくのである。内容としては、事業の意義、仕事の目的、お客様への考え方、仕事の姿勢、働くことと生きること、判断の基準、コストの捉え方などを示して価値観と行動の整合性がイメージしやすいようにし、日常的な判断と行動の基軸とするものである。問題は常に判断のズレから起きる。その判断は直感的に行われがちだが、日々、経営フィロソフィで小まめに理解をつくっているかどうかでこのような時に差が出る。

５つ目は「経営理念・経営フィロソフィの教育研修」を考えておきたい。教育研修のテーマは年間、月間、週間、日々という単位で組み立てるが、年2回は経営理念と現実との乖離について討議し、問題意識を呼び起こすことが望ましい。年2回では足りないくらいだが、自社で起こった実際の事例などを使って基本から説明し、次にみんなで討議すると実に多様な見方や意見があることがわかる。**そうした多様な見方があるということは、判断も多様な判断になってしまうということであり、それは個性ではない。このことは部下である社員に管理者が多様**

な判断をしていることを示している。それは柔軟性ではなく第三者的に見ても変質していると思うような意見がある。それを経営者や役員が知るべきである。変質した浸透は浸透ではなく経営リスクである。

経営フィロソフィについては、実務が多忙の中でも毎日の朝礼の中で短時間ではあるが学習しているといったケースも多い。せめて週1回、もしくは2週間に1回はチームで学習する時間を組み入れる必要がある。ある大手企業では昼休みの45分間に毎週1回は経営フィロソフィのミーティングをしている。なかなかできないことである。経営フィロソフィは年間研修で一括して取り上げるのではなく、経営理念・経営フィロソフィのテーマに絞った日常的な学習が望ましい。これによって社員全員が日常的に経営フィロソフィにある言葉を使うようになってくることがある。言葉が変わることで考え方が伝わり、さまざまな実務経験を重ねて行動に変化が起きる。それを管理者がリードするのである。

6つ目は「理念・経営フィロソフィを実践している社員を表彰する」という方法がある。経営フィロソフィ研修を受講して、それに共感した社員が丁寧な実践をしていることがある。例えば、地方の工場の受付の人が素晴らしい対応をしている、パートの人が毎日笑顔でどんなに忙しくてもニコニコしている、お客様のためにそこまでやるかというほどの行動をしてお客様に喜んでもらっている、などの事例が実際にある。こうしたことを先輩や上司が見出して社内で上がってくるようになれば、それが他の社員にも刺激となって浸透の好循環のきっかけになる。現場に意識の変化が起こるのは、トップダウンより相互の刺激である。しかし、単に成績優秀者を理念実践者として表彰していることが多くある。確かに成績が良いということはそれだけ努力をしたからだろうが、成績が良いことが即、実践しているとは限らず、数値をつくったら実践しているという見方をつくってしまわないようにしないといけない。経営理念の真の理解を管理者と社員との間でできる環境を整えることで弊害を防げることは数多くある。

②人事考課のフェーズ……一律から一人ひとりへ

○なぜこのフェーズが必要なのか

本書では、働き方改革の本質は仕事改革と位置付けているが、仕事改革を進める上で従来の成果の見方からこれから必要とされる仕事の成果の見方に変えるということである。**その成果とは、「その人固有の仕事を、その人の働く時間で、その人に求められる成果を、その人はど**

れだけの出来映えで示したか、そのプロセスに見るべき点はないか、加点減点する内容は何か」である。個の社員に着目した成果であり、上から下への目標のブレークダウンではない。

さらに、人事考課の内容の着眼について、今まで以上に立体化して、人事考課と仕事の実態の適合について現場の目線を組み入れる必要がある。その現場が数年後にどうあるべきかを見据えつつ考課を組み立てる必要がある。特に、近年の「**社員の認められることを求める意識**」に応えていくためには人事考課はフェーズとして必須である。

○経営者視点から見た課題

・頑張った人、努力した人、成果を出した人に報いたい、ただそれだけだ。その人たちにきちんと報いることができるようにすることが経営者の仕事だ。

・人事考課を運用する力が弱いし、それを使いつつも改定をしていないので、いろいろな課題が出ているが、手つかずになっている。良いものをつくっても軌道に乗せ変化に対応するのに人事セクションの課題も大きい。

・良い人事制度ではあるものの、管理者の考課する力や面接する力がなかなか育たないが、中にはこれがきっかけで管理者として成長してきている者もいる。やはり仕組みの運用ができる管理者は伸びるという実感がある。ストレッチするぐらいの制度が必要だ。

○幹部・管理者視点から見た課題

・人事考課が仕事の結果中心になり過ぎていると感じる。仕事をしている過程で出てきた問題に対応していることなどは考課に入らないので、本人に説明する時にこれでいいのかという気持ちが湧き起こる。

・フィードバックをしているが、考課したことを伝えてはいるものの、本人のために今ひとつ言うべきことをきっちり伝えられないで終わっていて不完全燃焼である。やはり、人事考課をした内容について自分自身が自信を持てないためでもあるが、人事考課の項目も実態と違うと感じる点がある。

・人事考課の面接がきっかけになって成長してきている者もいるが、改善が難しい人材もいて、そういう人材をどうやって指導していいかわからない。原因は仕事だけではないが、突っ込んで話をすると心を閉じてしまう者もいる。面接の内容をもっと充実させる工夫が必要だと痛感している。

○社員視点から見た課題

・形式的な人事考課の面接だなと感じる、目標達成したかどうかだけ。これからのキャリアについて話をしても資格を取ることばかりで、上司にキャリアのイメージがないように思う。
・社内の働き方改革に合わせて成果が大事なことは仕事だから当然と思うが、無駄なことやどうでもいいことが多過ぎて会社自体がもっと考えないといけないことがあるように思う。それを指摘しても、「取りあえずやれ」と言われるばかりだが、もっと改善したら良いと思う。
・仕事のプロセスとしていろんなことをやっているが、その点は評価されず結果だけを評価され、それで人事考課が決められる。上司の指示だからやっているのにおかしいのではないか。

○成長課題と仕組みの例――働き方と仕事の実態に適合した人事考課を構築する

これからの人事考課を組み立てる具体的な着眼については、業種・職種によって異なるが次のように考える。1つ目は、その仕事の成果は何か、それは効率や効果に直接的・間接的にどれぐらいプラスか、その仕事を通じてどのような成長があったか、仕事の改善に主体的であったか、それを通じてチームに貢献したか、などである。そして、これらは考課しやすく測定できる（メジャラブルである）ことが必要である。

これからの人事考課は、今まで以上に仕事そのもののマネジメント、つまり分担・役割・責任・成果を明確にする必要がある。これらは、これまでも必要であったが、仕事改革をより一層進めるためには、仕事の分担・役割・責任・成果そのものが整理されていないと人事考課が機能しなくなる。この点の改善が同時に必要である。つまり、人事考課の内容の問題と共に、仕事の分担や責任や成果の捉え方の問題が同時にあるということである。

考課した情報は、今まで以上に定着と育成に活用することが重要である。前著『社員が自主的に育つスゴい仕組み』で提起した、フィードバックに加えて将来への成長を支援するためのフィードフォワードがその役割を担う。フィードバックは人事考課の結果だけではなく、その根拠や判断した事実などを本人に伝えて納得をつくるものであると共に、これからの仕事やキャリアの方向性についても対話するのが本来の意味である。

しかし、現実は、これからのあり方について対話をする時間が極めて少ない。これが人事考課の目的である人材育成機能に十分につながりきれていない理由である。従って、人事考課を通じて人材育成につなげるために、**私は「フィードフォワード」という概念を示して、はっき**

りと将来に向けた対話の時間の確保を呼び掛けているのである。それはキャリア形成の意味でも重要である。

次に、考課期間のサイクルが、週1回、月1回、四半期に1回、6カ月に1回、1年に1回という頻度のどれに合うかを役割・職務に沿って区分する必要がある。考課を短期サイクルで運用したほうが良いケースとそれに合わないケースが仕事の内容の変化と共に出現している。今までの6カ月に1回もしくは1年に1回という方式が悪いというのではなく、自社の実態を見てどの期間のサイクルが意味があるかである。

仮に、短期サイクルで考課したものを処遇にどのように反映させるかは別の課題があるが、短期サイクルで考課して、それを積み上げて従来の処遇をするということが合う職務もある。しかし、短期サイクルの考課によって短期成果を求めることになって人材の成長も短期の見方にならないようにしなければならない。この点は、今後、賃金体系とも関係して改定を検討するべきポイントになるだろう。賃金体系も月給から全員が時間給という時代が来ると推測している。現在でもそういう企業はあるが、将来的には1日や週の中での働く時間に応じた賃金という考え方が一般的になるかもしれない。

さらに人事考課と働き方改革は連動していることが重要である。これが連動して初めて仕事

改革ひいては働き方改革を促進することになる。裏を返せば、この連動がなされていないことが働き方改革の進展を実質的に阻んでいる。自社の働き方に関する考え方や働き方の具体策を改定することに呼応して、人事考課も改定点を見出していく必要がある。人事セクションの人事考課の見方と現場の管理者から見た考課の視点が往々にしてズレる点である。

現在、上司と部下の人事面接はポピュラーに行われている。人事制度としては非常に意味のある制度であるし、日本の人事制度にこの面接が定着した意味は大きいものがある。他方で、この人事面接が一対一で行われているので実態が見えにくい点があるので、その点に問題がないかという認識に立たなければならない。**この面接は人事制度の質を左右する。**上司と部下の面接は、相互のコミュニケーションの機会であり改善指導の機会でもあり、部下からの質問・要望・提案の機会でもある。また、仕事のこれからのありたい内容やあるべき内容について、将来をお互いに考える機会でもある。キャリアもコミュニケーションも人材育成にも関係するし、一対一の個の対応をする機会である。

この面接が充実してくると、上司と部下の信頼関係は非常に良好になる。上司は部下が主体的に行動してくれる期待感を持つことができるし、部下は仕事および組織でバックアップが得

られた実感を持てる。従って、管理者の面接が本当に良い面接になるようにする必要がある。しかし、実態は、管理者からの良い報告を鵜呑みにはできない。仕事のできる上司は一方的な面接をしているし、仕事がまだまだの上司はお伺いを立てるような面接をしている。面接がきっかけでメンタルに影響が出たり、離職の原因になったりもする。面接は上司のほうがリードする役割を担っているため、面接そのものについて上司が習熟を深めるようにすることは極めて重要である。

面接についての学習、つまり面接教育を行い、その品質についての仕組みづくりをして改善することが必要である。この面接教育は、面接のモデルとなるような社内見本があればよいが、そう簡単ではない。実際に上司も部下も良かったという面接から学ぶことには意味があるが、モデル化を意識して取り繕うような面接も出てきたりする。現在、面接をしている上司が、自分が部下であった時代に良い面接を経験していないだけに面接の学習は必須である。

この学習は、コミュニケーションのあり方とも関係してさまざまな点に応用できるので効果がある。特に重要な点は、面接の目的、基本的な約束事、面接の応答の良い例、それがもたらす効果の意味、討論ではなく対話であること、しかも改善すべきことははっきり伝える、部下からの意見にはきちんと耳を傾ける、それに対してレスポンスするなどを明確にする、対話することが重要なのだから、上司がパソコンの画面を見ながらではなく、相手の目を見て真摯に対話をするなどである。この面接は、人事考課だけでなく人材育成、コミュニケーションとも関係するので後述する。

さらに、人事考課を軌道に乗せるために、生産性が上がるような仕事の仕方に切り替える仕事のマネジメントフローをつくり上げることも効果的である。仕事の仕方を変える意味を明確にして、その方向性を示し、方法をチームで考え、できた改善を評価し、「仕事の仕方の改善をすることが当たり前」という体質にまで高められることは大きな生産性効果がある。現場はむしろ動きたがっていると言っても良い。パートタイマーや若い社員から聞く話としても、「なぜ、「こういう仕事のやり方でやらなければいけないのか」ということが多くある。確かに提起されたやり方のほうが合理的だったりする。今までこういうやり方をしてきたからそれを踏襲しているという程度の理由である。だから現状のままで人事考課をするのではなく、現状を改良改善し、それを考課をすることで、人はそちらにモチベートされるのである。

人事考課はマネジメントをバックアップするものであり、人事考課を変えるだけでなく仕事の仕方、取り組み方、分担も同時に変える必要がある。

③人材育成のフェーズ……３つの柱を育てる

○なぜこのフェーズが必要なのか

人材育成は企業経営の重要な課題である。それは企業の成長そのものの大きな要因だからである。従って現場の管理者には必ず取り組むことが求められる役割である。人材育成については、いろいろなアプローチがあるが、他のフェーズとの関係を見てみる。

７つのフェーズの中の「基本行動」の実践は、基本的な行動ができていることはあらゆる意味で信頼の素であるから人材育成につながる。「コミュニケーション」は何のためにするものかというと、お互いに理解してお互いにプラスとなる行動ができるようにするためと考えれば、これも一つの人材育成である。「人事考課」は何のために行うかというと、考課すること自体が目的ではなく、人材を育てることを目的とするものである。「働き方」はその人の働き方の環境づくりをして成果を積み重ねながら、人材として成長するために仕事のあり方を見直すことなので人材育成である。「経営理念・経営フィロソフィの浸透」をさせる地道な活動は価値観の共有化であり、人材育成そのものである。「キャリア」は将来に向けた人材の成長を描くものであり、人材育成の具体化である。従って、人材育成は広義で7つのフェーズ全体の目的と言える。それは取りも直さず人事マネジメントの目的が人材育成ということでもある。ここでは、人材育成の中でも経営者や現場の管理者から要望の多い教育研修について取り上げる。社員の質をレベルアップさせるのが教育研修であり、変化の大きい時代の大きな課題である。

○経営者視点から見た課題

・人材育成に本当に力を入れている。人材の問題は尽きないが少しは良くなっている実感もある。成長している社員や管理者の姿を見ると辛抱して良かったと思う。幹部の次のクラスを育てる難しさ、そのまた次をつくる難しさがあるが、諦めないでやるつもりだ。

・人材には投資をしてきたし、投資を惜しいとは思わないが、ベテランで意識が昔のままの段階で止まっている人間がいて足を引っ張っている。何度言っても昔の幻を追い続けているようで意識を切り替えられない。何とかわからせて活かせる人材にしたい。

・とにかく人が最大の資産であり、他社との差別化要因だ。今日までやってこられた理由は人にある。だから辛抱して育てることが経営者の仕事だと思う。ただ管理者については、これだけ時代が変化しているので、部下に言う前に自分が勉強して欲しい。一人ひとりに対応していかざるを得ないだろう。

○幹部・管理者視点から見た課題

・人を育てろとしきりに言われ、育てているつもりだが、部下の能力にも限界があると思う。今、彼らが能力の限界まで来ているかどうかはわからないが。自分たち管理者にもう少し権限があるとやりやすいが、人事部・部長・役員・社長と確認しなければいけないことが多くて機敏な対応ができない。

・チームで育ててもすぐに異動になり、手元には人材が残らないので、また未熟なチームからスタートせざるを得ない。会社のためということはわかっているが、チームの成果を問われるので育てた人材は残して欲しい。人材配置、異動についての考え方が見えない点がある。

・人材育成しているつもりだが、どうも世代の違いがあり過ぎて戸惑うことが多くある。30代の管理者がもう悩んでいるくらいで、40代はやや諦めている。上司よりもかえって若い部下のほうが冷静な様子を見ていると、何のために悩んでいるのかわからなくなって、こちらの気持ちが冷めてしまう。

・正直なところ人材育成に以前ほど時間を割けなくなった。これはまぎれもない事実だ。しかし、時間を捻出して何とか対話をしてみるとわかり合えないわけでもなく、このような機会をつくれていないことのほうが問題だと思う。

○社員視点から見た課題

・社外には人材育成を重視していると謳っているが、社内では見て見ぬふりや責任のなすりつけが多く、管理者が上しか見ていない。不都合なことはすぐ責任転嫁して、自分の昇進ばかり考えていて自分たちはその手段でしかないと感じることが多い。他社もこうなのだろうか。

・会社の研修でいろいろなことを学習させてもらうのはありがたい。今までそういう機会はほとんどなかった。ただ、時間外に行われたり休みの日に行われたりするので、仕事としてやるのなら時間内にして欲しい。

・問題が発生した時はそのことだけをうるさく言われ、そのことについて研修があって、こうしてはいけないと注意される。それはそれでしなければいけないと思うが、もう少し体系的に研修ができないのかと疑問に思う。

○成長課題と仕組みの例――人間的であることを核とする

長い間、いろいろな企業経営を見てきて感じることだが、企業体質は本当にさまざまである。それは経営者の人間性を源流として、幹部・管理者・社員に投影されていることが多い。経営の中の人材育成の柱を何に求めるかについて、私は、人間的であることを核としたいと考えてきた。この点は人材教育の基盤として考えている。人材教育の柱は3つである。1つ目は職務教育であり、2つ目はヘルスケア教育であり、3つ目はマインド教育である。

1つ目の職務教育は、前述のように仕事の習熟（考え方・知識・スキル）と役割（組織の中の役割）についての教育である。これからは、仕事の習熟については、自社の職務のテキストのような仕事の基本とステップアップをリードするものが必要である。それが、あるようでなく、ないようである、という状態が多い。やはり作成すべきである。それは仕事の習熟段階に応じて必要であり、意外に、社内には自分なりに仕事の習熟を深めるために工夫して作成しているケースが多いが、それは個人のもので一般化してはいない。みんなが自分なりに作成して手元に置いていているような内向きの実態がある。おそらくそれを集めただけでも立派なテキストになるだろう。管理者が仕事を教える労力とコストを考えれば重要である。それ以上に、社内の

「知の共有」という意味でぜひとも必要なことである。

また、今後、仕事をしていく上でどのようなスキルや知識が必要かということをチームメンバーで語り合ってみると良い。仕事の習熟は、基礎からハイレベルまで多様であるが、その中でキャリアということも当然に出てくる。そのつながりを感じ取る意味は大きい。ある企業で若手ばかりでこれからのキャリアを複数チームで討議し考えてもらったことがある。素晴らしいキャリアプランが出てくる。下手に人事部や教育研修部が考えるものでもないと思った。

さらにＩＴ教育も英語教育も今まで以上に増加してくるだろう。新たなＩＴに関するリテラシーと英語基礎力は必須に近くなっている。ただ、基礎教育として考えておきたいことに国語教育がある。日本語で仕事をしていく以上は国語の学習は必要だというのが実感である。

職務の習熟度合いというのは、国語力、その中でも読む力と書く力の習熟度合いと相関すると言っても過言ではない。「仕事で報告やレポートがまともにできるようになる年数と国語力がついてくる年数とは正比例する」と分析している。日本語で考え、日本語で表現し、日本語で伝達するから至極当然であるが、国語研修は、国語教育の必要性と効果を考えていなければ実施されることは少ない。これは若い人のことだけではなく、中堅・ベテラン人材の成長とも関係する。つまり、**読む力・書く力の弱さが思考を狭くして伸び悩んでいるように分析してい**

る。伸び悩んでいる人材の思考力を養成することができれば、思考に活路を見出して精神性に変化が出るため、生産性は格段に上がる。伸び悩む人は思考を途中で自分から止めてしまう傾向にある。

国語力は、論理的思考にもつながることであり、現場の問題を感情的に考えて対応が後手になることや、お客様から求められるレベルが高度化している時代にあっては、習得方法を考える必要がある。国語力と論理力と思考力のつながりは見逃せない。

また、管理者教育については、実施時期をもっと早めたほうが良い。管理者になって初めて管理者研修をするのではなく、それ以前の段階から開始してその本来的意義ややりがいなどを討議しておかないといけない。管理者になりたくないというのは、その意義をわからずに外形だけで理解している面もあるからである。管理者次第で部下である社員の仕事そのものが変わるというようなことを学習する機会が足りない。また部下をモチベートする、動機付ける、ということが実際にどうすることかなど、研修と実際が結びついていないのである。ただし、１回２回の研修で身につくようなものではないため、管理者教育は継続が肝要である。なぜなら、実務の中で多様な問題を経験しながら学習したことの意味を理解していくから効果が出るのである。管理者教育の継続性の意義は大きい。

さらに、最近は仕事でセンス（感性）を問われることが多くなっている。と言うよりセンスがないと仕事が切り拓けないような時代である。そのセンスをどうやって身につけるかというご質問も多い。私は、芸術、自然、新しいもの、異質な分野の異質な感覚に触れることは意味があると思っている。心を開放するような教育もあって良い。

2つ目は、ヘルスケア教育である。健康経営というコンセプトは、社員一人ひとりの健康意識と行動によるものであり、会社としてヘルスケアに関して方向性を示し、施策を打ち出すことは重要になっている。これは病気の予防という点では、国の医療費の抑制と本人を含めた家族の安心、それだけでなく仕事の効率や効果という意味でも重要である。

また、このヘルスケアの中にはメンタルについても教育テーマとして考えておかなければいけない。自分自身がどういう状態であるかを自分の知識で推し量ることも知識があれば可能であるが、仮にそれが難しくても、メンタルを維持する要因を理解して自分自身を外因から守ることもできる。これは部下の問題であると共に管理者の自分自身の問題でもある。

管理者自身が部下との関係で考えておく必要があるテーマがラインケアである。これからのマネジメントの中で大きな課題となる点である。私は自分自身のマネジメント体験の中で、**その人のモチベーションは日常の勤怠の中に表れる**と考えてきている。出勤時間が微妙に遅くなるとか、今までよりも早く来ているけれど何をしているわけでもない、欠勤が不規則に発生するなどのような点に如実に表れる。同時に、仕事のレスポンスに表れる。仕事の指示依頼を受けた時の反応が鈍くなる。それが表れているのに気づかずに仕事を押し進めてしまって、結果としてメンタルのリズムを崩してしまうことは往々にしてあり得る。**上司の心理的な無関心が招く結果**である。もし、管理者も当事者も学習によってその知識があれば、それは防げたかもしれないということを考えると重要な教育である。

日本の企業でメンタルヘルスケアに取り組んでいる事業所の割合は、60・7%（平成27年：第4次男女共同参画基本計画より）である。もっと増加すべきであろう。メンタルヘルス教育の着眼は、コミュニケーションにも相通じることである。一方的ではなく相手から自分を見るということであるし、部下の言葉や行動の中からサポートすることができれば、どれだけ部下にとって幸せかわからない。大きな波がうねりのように動いている日常にあって、それに気づく大切さを考えると、メンタルヘルス教育の充実は人材育成の基盤になっていくと考えることができる。

３つ目は、マインド教育である。ここで言うマインドとは、人間性、思いやり、気配り、感謝、利他、などである。これは企業によって、これが必要であるという考え方と、それは個人の問題であるという考え方がある。私は、マインドについて学習することは、長い目で見て経営と個人にとって価値があると考えている。このようなマインドという精神性のようなものは学習している時には当たり前過ぎて意味を感じないものだが、何かあった時には非常に大きな意味を持ってくる。その時にならないとわからないかもしれないが、その時にわかる意味は大きい。だから必要と考えている。これはその人の生き方を左右するかもしれない。

私が20代、場合によっては30代の方々について研修講師をして感じることは、マインドといったことについて学習していないだけでなく、物の見方や考え方が空白のままになっているということである。また、仕事で経験を積んできた人材でも、経験を積むにしたがってマインドのような精神性の積み重ねがなく自己保身に走り、閉鎖的になってしまっていることがある。その意味で継続的に学習していくテーマであり、現場の管理者自身も部下も、このようなマインドの共通基盤があると精神性や表情までが安定してくる。チームのメンバー同士や他部門との関係など、人間関係が要因でいろいろマイナスな出来事があるが、マインドの学習をしている企業とそうでない企業では起きた問題の収まり方が全然違う。

また、組織やチームで安心して働けるという安心感は、いざとなったら全部自分の責任にされるというところには生じない。**仮に仕事が厳しくても最終的には安心できるという風土は、**

マインドの教育に裏付けされた上司の言動によって実現する。同じ会社の人たちが集まれば、その風土は否が応でも表れる。私は組織風土の良い企業に対して仕事をさせていただいていると感謝している。

加えて経営フィロソフィの教育が重要である。経営フィロソフィは、さまざまな経験を積み重ねながら理解が進んでいくものであるが、職務・ヘルスケア・マインドのベースとなるものである。職務教育・ヘルスケア教育・マインド教育と経営フィロソフィがつながって教育研修が組み立てられ、その上にテクニカルな研修が多様にあれば管理者の現場の人事力は効果性が高くなる。

教育の品質は、長い目で見ると人材育成の大きな格差になる。教育研修によって人材の定着が変化することもあるし、成長のきっかけをつかむこともある。だから、教育はその場しのぎで行うのではなく体系づくりをして行うことで効果が出るものなのである。教育は国家百年の計とも相通じることである。

ここでは人材教育を取り上げたが、人材育成については、育成とはどうすることかに始まってその実際的な進め方について学ぶ機会をつくると良い。管理者の漠然とした人材育成の理解が整理される。人材育成の思考と行動ができる管理者は多くないという仮説に立つべきである。

また、人材の入り口である「採用」についても考えたい。管理者の育成という点である。管理者自身が採用面接に関わるケースとそうでないケースがあるが、採用というのは管理者が自分で採用面接に関わって、その人を育ててみて、その結果の過程で採用面接の意義を理解していくものである。その意味では、管理者を採用面接に同席させて応募者に質問させ、採否の意見を求めることはリーダー育成として意味がある。**採用面接の機会は人材をどのように観るかという管理者として重要な人間を観る眼を養う機会である。**採用面接をしていると往々にして採りたくなる人がいる。当然ながらフィルターにかけなければいけないのは、どの職種であろうと、仮にお客様の前に出ない仕事であっても、お客様の前に出した時にこの応募者はどういう印象になるか、お客様はどう感じるかである。つまり、誠実な対応ができる人かどうか、それはとりもなおさず人間性ということになる。その人間性が簡単にわかるなら苦労はないが、その人の経験の中にそれは必ずある。働くという真面目さのようなものはわかるはずである。

しかし、人材育成そのものに自信がない場合は、どうしても育てやすい人を採用してしまう。育てやすい人というのはいるものであるが、それは必要な人ではなく、管理者の言うことだけをやる人であるため、経験を積んでも積極性は出てこない。これは後々大きな負担になる。採用してから新卒は3年、中途は2年かけるという育成目標を持つことである。以前と違ってその余裕はないが、実際にはそれ以上かかるだろう。だからこそ、職務の習熟についての仕組み化は大きな影響を持っているのである。

④働き方のフェーズ……仕事の改革

○なぜこのフェーズが必要なのか

働き方に関しては、働く時間・働く場所・所属するセクションがフレキシブルなものになってきている。それは働き方の方法・手段であって、そのポイントを仕事において見る必要がある。それぞれの社員が担当する仕事は、いずれも会社でこういう仕事をして欲しいという期待があって、それに対して本人がこういう仕事をしたいという希望があり、その組み合わせで仕事が進むようになる。この「人と仕事のマッチング」の適不適が今後は重要になる。その仕事の成果を出せる人やチームに仕事がつくようになって、仕事をする時間と場所は関係なくなる。そうなるまでに仕事の習熟をどのようにしてつくっていくかが育成の中心になる。そして、その仕事で期待されるアウトプットは何かを常に明らかにしておくことが求められる。その成果ができているかどうか、それをどうやって達成するかがマネジメントそのものになるだろう。どうしたら社員が求められる成果の仕事ができるようになるかを考えることは、人事マネジメントの本質である。

働き方は仕事改革であるから、仕事改革が進んでくれば自ずと仕事の分担は明確になり、そうなると成果も明確になる。そうなると現場の人事の課題としては、労働時間を改善しつつ勤務時間と勤務形態、職務内容を組み合わせて日々の実務に落とし込み、生産性につなげ人材育成につなげるということになる。そのためには働き方のフェーズは「現場の人事力」の中でも仕事そのものという意味で最も関係のあるフェーズである。

○経営者視点から見た課題

・サービス残業はさせたくない。それははっきりしている。仕事で成果を上げるためにやり方を変えないといけないが、そのためにどうするかの討議を繰り返している。思い込みや長い習慣でやらなくてもよいことをやっていたりしている。改善活動もやっている。管理者自身が自ら改善をして見せているところは現場も変化していて、やはり改善が進んでいる。

・働き方改革の本質について繰り返し話をしているが、やはり変わるのに時間がかかる。仕組みも変えているが、今までの仕事のやり方との闘いでもあるため、お客様を含めて関係先にも協力を求めている。そうしながら次へのトライをしている。変化のスピードが速くて本当に気が抜けない。働き方改革は限られた時間で成果を出せるかという問いかけだと思う。
・人間関係のいいチームは残業時間が減少し、そうでないチームは残業時間を減らせない。やはりメンバー同士の人間関係が影響している面がある。仕事の仕方を変えるのも、生産性が上がるのも、人材が育つのも人間関係が良ければ効果が出るようだが、そういうチームばかりがあるわけではないので、もう一歩踏み込んだ対応が経営的に必要だ。

○幹部・管理者視点から見た課題

・労働時間の範囲で成果を出そうとすると、よほど発想を変えないとそうならないと痛感している。方法を模索しながら仕事を進めているというのが実態だ。考えてみれば、限られた時間の範囲の仕事が当然であって、それで、成果も当然となるには少し時間がかかるが部下には賛同を得ている点が心強い。
・チームワークをつくってチーム力で仕事をしようと言って取り組んでいる。会社に対していろいろな働き方や制度について改善して欲しいと提案している。やはり、会社全体で考えて実行しないといけないことと、自分たちの部課でやらないといけないことがある。

・働き方を変えることは必要なことなので、それはそれとして進めるが、人の育ち方が以前より遅くなったように感じる。働き方改革で労働時間を減らしていることと因果関係があるかどうかはわからないが、育成の仕方も変えなければいけないと思っている。チャレンジするような仕事をどうやって入れるかは課題だ。

○社員視点から見た課題

・仕事の進め方が行き当たりばったりの感じが強くて、もう少し何とかならないかと思うが、実力がついていないので口に出せない。考えて仕事をしろと言われるので考えてやると、それは違うと言われる、どうしたらいいですかと言うと自分で考えろと言われる。見本を見せて欲しい。

・労働時間について会社のできることとできないことを明確にしてもらえばそれでよいが、総務と上司で言うことが違うのでどちらに従えばいいのか戸惑う。会社として方針を一本化して欲しい。残業したくないと思っているわけではない。友達と話をしていて仕組みがちゃんとした会社で働きたいと思う。仕事の厳しさはその上でのことだと思う。

・働き方を変えて仕事以外でもいろいろなことに取り組みたいと思うし、実際そうしている。社外に出ていろいろな人に触れてみると、自分たちが仕事でやっていることがいかに遅れているかと感じる。これはみんなが困っていることだから、それを変えることができればみんなもっと頑張ると思う。

・もっと仕事してもいいのにやらせてくれない。残業していると時間外手当を欲しがっているとしか受け止められない。過労死するまで働こうとは思わないが、やらなければいけない時はやらせて欲しい。

・子育てしている先輩が休んだ時にサポートに入ることが多くても、それについての評価はなしで、自分は自分の成果が求められる。私たちは子育てしている社員のヘルパーですか。

○成長課題と仕組みの例——個々の仕事をデザインする

まずは、働き方改革を前述のように社内で共通テーマとして共有できる言葉に置き換えて、意識と行動の改革を段階的に進めることが挙げられる。例えば、「**何のための仕事か、するべき仕事はこれで良いか、してはいけない仕事をしていないかを明確にする**」というような点である。働き方改革のために、今、何を最も優先的に変えるかを示すのである。意識をテーマにする場合も行動をテーマにする場合もあるだろうが、まず意識に訴え、次に行動に訴える例は多い。

そして、共通テーマに向かって部課としてやるべきこと、変えるべきことを具体化して計画に入れることである。その進み具合を成果として確認する、この点はゲーム感覚でも良い。成果が見えることが意欲につながる。

次に、働き方を改革するには、仕事教育を体系的な方法に変えていくことが、今までの仕事から新しい仕事や方法に転換するためにも大事である。従来より仕事の習熟を早めることは、生産性という意味でも任せる範囲を明確にするためにも必要である。仕事教育が現場に根付くとさまざまなプラスの波及効果がある。仕事がある程度習熟している人やベテランは、これから先の仕事と役割の方向性を明示してチャレンジを求める。それがキャリア形成とつながる。できる人はトライをして、そのトライを評価してキャリアをつくる。トライをしても難しいという場合もあるので、それはそれで担当してもらう仕事はあるものであり、働き方改革でひずみが出る場合にそれを埋めてもらう分担も大切だろう。「働き方改革は、仕事改革」と言っているのは、仕事の習熟が浅い人からベテランまでの改革なので、それに応じて手段や方法を変えると共に分担の見直しもしないといけない。

一人ひとりの仕事の組み立ては、社員が主体的に行うものであるが、仕事についての考え方や、やっている仕事の違いもあるので同じようにはいかないが、私はジョブ・デザインを提案する。これは社員それぞれの仕事のデザインをするものであり、1年間・半期・1カ月・1週間・1日の職務を社員が描き、上司がそれについて指導助言する。

働き方改革とチームのあり方は考えるポイントである。働き方改革は一人でできることではなく最低でもチーム単位である。その意味でチームの活性化と深い関係がある。活性化しているチームは働き方を変えるにしても進めやすいが、そうでないチームはどのテーマであっても難しい。組織運営の上で検討してみたいテーマである。一般論ではなく自社の組織風土の中で活性化しているチームを選び出してその活性化要因を見出すのである。良いチームは必ず存在するし、その要因もある。単にリーダーシップと結論付けてしまわずに検討してみると、さまざまな要因がありうる。

チーム活性化について自社の原理を見出せれば、他のチームも全く同じにはいかないが、自分たちも活性化要因を仮説として立てて行動する参考になる。実は、この点が極めて重要で、働き方改革を進めることと自分たちの活性化を進めることにつながるのである。これは一つのチームのことであるが、チーム相互の関係や他部門との関係をより良いものにするためには、**例えば仕事・組織・会社などについてフリーに語れる場（ウォーターホール＝water hole……森の中の水飲み場に自然に動物たちが集まる場）をつくることがある。そこでは部門の垣根を越えた会話が自然に生まれる。コーヒー一杯が共感と癒しの場となりコミュニケーションにもなる。**この仕掛けは健康という点でリラックス効果も出るので期待できる。

働き方改革と人事考課のつながりは見直すポイントである。何を成果とするかである。この成果というのは社員視点だけでなく管理者視点、経営者視点が入ったものでなければならない。一律的な成果の考課で十分だった時代から、その成果の判断が逆に不公平を生み出す時代になったのである。

仕事改革を通じて、成果とは何か、成果とすべきこと、成果の状態をクリアにしておく必要がある。それについて対話することが公平な考課のためであり、上司、部下、およびチームとして仕事のコミュニケーションでもある。コミュニケーションに目的やテーマがあるということは効果が出るために大切で、無目的なコミュニケーションは良い効果が出にくい。

⑤コミュニケーションのフェーズ……コンセプトと企画

○なぜこのフェーズが必要なのか

コミュニケーションは、組織の人間関係、チームワーク、トラブル、人材育成など人と人の関係性に必ず出てくるテーマである。だが、どうしたらそれが成り立つのか、どうしたら効果的かは、その重要性を言う割には、それぞれの管理者のそれぞれの取り組み次第になっている。もしくは、それがあってもコンセプトがなくて事務的な内容だったり、あるいは経営者がいつも必要性を言い続けたりしているのが実態である。

近年、価値観だけではなく勤務環境・雇用形態・働く時間・生活環境などいろいろな面で多様化が進んでいる。例えば、報連相の手段・方法も本当に変化している。口頭、メモもしくは文書からメール、そしてSNSの活用が普通になっている。それで効果を出している例もあるが、むしろ手段方法は進化するが内容は逆に劣化していないだろうか。肝心なこと、不利なこと、悪いことが確実に上がってきているか、である。**仕事の属人化が進んでいることと組織の中での自己保身志向が今まで以上にあって、大きな目的のためにはどうあるべきかを考える**

ことが極めて少なくなってきていると感じる。本当に必要な情報が動いている組織とそうでない組織は対極のように存在する。現場を握っている管理者が最も情報を把握しているようで、実際はそうでもなかったりする。さまざまなコミュニケーションシーンで管理者がコミュニケーションを図ることができるようにしていく必要がある。今までにはなかったコミュニケーションの課題が表れているので、管理者の経験のある人がコミュニケーションが取れていると言うわけではなく、むしろ経験が浅い成り立ての管理者が率直なコミュニケーションの取り方で効果を出していることがある。管理者のコミュニケーションの対象に対するスタンスと方法の違いだろうと思う。

○経営者視点から見た課題

・若い人の言うことに振り回されてはいけない。表面的な言葉ばかりを管理者同士で話題にせず、まずは若い人たちと話をする機会を増やすことだろう。自分たちも若い頃はそうだったのだからわかり合えないことはない。異質な人を見るような眼をしないで、違う見方や意見があって当たり前で、それを仕事のベースに乗せていくのにそれなりの努力は必要だ。それが自分自身の成長にもつながることである。

・管理者が部下に対して心を開くことが下手で、誠意を持ってやれば何とでもなるのに、世代間ギャップや環境の違いという言葉で済ませて距離をつくってしまう。わかり合うための知恵が足りないと思って、言い続けている。
・常々、報告連絡相談の大切さを話しているが人によって小まめにしてくれる人材とそうでない人材がいて、成長してもらうためには自分から報告しようという意欲が欲しい。こちらから報連相するということも考えるが、成長してもらうためには踏み込んだ行動をして欲しい。
・社内で、社員だけでなく契約社員、パートタイマー、派遣社員、どんな立場の人であってもこちらから声をかけることや積極的に挨拶をすることなどにみんなで取り組んでいる。社内の教育研修と重なってみんなが意識してやってくれているので雰囲気が随分と変わってきた。組織は良くなるものだと感じ始めている。

○幹部・管理者視点から見た課題

・かなり気を使って部下と話をしているつもりだが今ひとつ伝わらない。理解しているように言葉では言うが行動にはズレがある。結果として、伝わっていないと感じることが多い。行動できるように育てないとお互いが先々で苦労するので、この先もやっていくつもりだ。

・コミュニケーションを意識して行っている。以前までは意識していなかったが、それでは課が上手くいかないので反省して取り組んでいる。今まで随分、自分中心に考えていたように見えただろうと思う。ただ、いろんな部下がいるので部下に応じた対応をすることが未だできていない。自分で考えないといけないと思う反面、指針のようなものは欲しい気がする。

・育児をしながら働いている社員とこれからどのような仕事をしていくかということについて対話をしている。意欲は買いたいが、知識やスキルについて課題が大きくあって、その点まで上司としてカバーはできない。お互いに気を使い過ぎず、してもらいたいことも遠慮せず向かい合いたい。

○社員視点から見た課題

・上司を通して会社に提案したことにレスポンスがないし、以前にはアンケートに答えてもそれがどうなったかわからない、また、面接で意見を言っても反応や答えはない。それでもまだ提案を出せと言われる。何のためにこういうことをやっているのだろうか。

・上司から、自分のプライベートを聞くのがコミュニケーションと思い込んだ対応をされることがある。それに聞きたくないのに上司自身のプライベートについて話をされる。自分のプライベートを言いたくないのではなく、それが仕事やコミュニケーションにどうつながるのか、そういうことは言ってもらえないので言って欲しい。

・話し合って約束したことは、上司として言って終わりではなく行動して欲しい。しばらくして話をすると覚えてもいないとか、また同じことを繰り返したような会話になってしまう。もっとやるべきことをやってから部下にもやれと言って欲しい。噛み合わないような感じが強い。

○成長課題と仕組みの例――対話のコンセプトと方向性を定める

第1章で述べたように、コミュニケーションは目的によっていくつかの種類がある。融和、相互理解、親近感などの目的で行われるものと、仕事の意思疎通、つまり、管理調整、方針指示、報告連絡相談などの目的で行われるものがある。コミュニケーションはあらゆる機会を使って、時間の短い長いではなくお互いに声をかけあうような能動的なものが本来の姿だと思う。例えば、**エレベーターに乗り合わせた場合でも立派なコミュニケーションの機会と考えて声をかける、現場に足を運んで作業の邪魔にならないように声をかけながらゆっくり歩くなど、機会に応じてわずかの時間でもコミュニケーションを図ろうとするその姿勢そのものがコミュ**

ニケーションの本来の姿だろう。こうしたコンセプトを明確に共有していくことが大切である。

このような根強い対話の文化づくり、つまり少しの時間でも相手に声をかけて理解することを目指すことが大きな方向性として必要である。声をかけあう和やかな企業もあれば、声をかけ合うような雰囲気でもない企業までさまざまである。対話するということはわかり合うという前提になり、わかり合えるということは共通の価値観で行動ができるということである。その行動の集積が経営体質である。

次に、現場で管理者が対応する上で必要なことは、このコミュニケーションを何のために行うか、コミュニケーションを共通的に理解するとすればどのように説明できるか、どのような方法で行うと意味があるか、などである。コミュニケーションについては、管理者の理解は非常にばらついていて、酒を飲むとか飲まないとかいうようなことから部下が意見を言ってくれるようにするにはどうしたらよいかまであるので、幅広く共通の理解をつくっていく必要がある。だから、コミュニケーションの内容について方向性が見出せるようにしておくことが重要である。このようなことは、経営者にしてみれば自分で学び経験しているので当然のようにわかっていることでも、管理者クラスは当然になっていないのが実態である。

さらに、上司と部下のコミュニケーション・シーンの中で人事面接以外の仕事の上での面接やミーティングの機会を短時間であっても増やすことが重要である。ショートミーティング、タイムリーミーティングを勧めている。

ラインケアとしての部下への心理的関心の良否がこのような点に表れる。そして、部下から意見を聞く、むしろ言えるようにするためにはどうするかを学習する必要がある。一般的に、**人は言われてから行動することが多いものであるが、主体的な行動は、自ら発言しながら行動するものである。従って、その内容はともかく、言葉に出す、表現するということが重要であり、まず言葉に出して、そして次の段階が行動であり、主体的行動のはじめである。そうやって時間をかけながら育つものである。**その時に出てきた意見・提案は放置しない、できることできないことに責任を持って説明するなどの対応は極めて重要である。この点が、管理者の弱いところで放置・無視が多くあって、その反作用が部下との意思の不疎通である。何の不思議もない。

そうならないように、コミュニケーションの基本的な考え方を示し共有して、コミュニケーションに対する認識のブレを少なくすることが必要となる。それにはまず今までのコミュニケーションのあり方について「対話（ダイアローグ＝dialogue）しながらモチベート（動機付けする）」というのはハードルが高いようだが、意外に相手の立場に立って考えてみるという実践例をお伝えすると理解してもらうことができている。**自分のコミュニケーションスタイルを見直そうという素直さがコミュニケーションのスタートということを示している。**

さらに、社内のあらゆる仕事の意義と目的を明文化して、何のために仕事をしているかについてより一層学習を深め、みんなが仕事をするために集っている意味が確認できるようにすると、それは経営理念と適合しているので理解が深まる。お互いが同じ方向に向かって前に進んでいるという感覚を確認できることが大切である。**一人の社員が毎日やっている仕事について、それが会社にとってお客様にとって価値があるということを年に1回でも確認する機会があるだろうか。そういうベーシックなことが必要である。**

このようなことを積み重ねながら、共に働いている仲間として一体感が醸し出せるように、日頃の労をねぎらい、次への大きな方向付けという意味でも懇親の機会は有効である。年間を通じて社員との関係性を和らげる企画として、社員旅行、季節ごとのイベント、運動会など本当に多様である。通常の会議の後にコンパという名目で効果を出している例もある。こういう懇親の機会は、計画的、かつ自主運用などが重なると本当に和やかさが増すものである。酒を飲む・飲まないということはあくまで手段である。

⑥キャリアのフェーズ……社員と会社の共創

○なぜこのフェーズが必要なのか

私は現在、経営コンサルタントの仕事をしているが、自分のキャリア形成ということを振り返ってみると、もともと今のような仕事をしたいという思いがあって今日があるというよりも、その時々にこうしたいと思うことをしっかり考えて選択した結果が現在であるように思う。そのことから考えると、**キャリアというものは、初めからこうしたいと決めて選択する場合もあれば、一つひとつを選択し続けて結果としてキャリアができるということもあると思う**。ただ、時代の背景が違うし、経済の成長も違うし、社会構造も違う。それに、これから先、働く期間は必然的に長くなるだろう。それらを考えると、やはりこれからのキャリア形成ということについて企業も個人も共に考える必要がある。

社員が定着し成長するという点では、キャリアの形成ができる職場かどうかは強い関心事である。キャリア開発という中期的展望があると、日々の仕事において「今この仕事をしている意味」が将来とつながる。

社員の転職の動機と仕事の意欲の動機は同じで、それは「これからの仕事」である。今の時代は、この点を抜きに育成と定着を考えることはできない。このキャリアを現場の人事デザインの中に入れていることには意味がある。キャリアというと人事部や教育研修部が中心になって考えることを奨励するキャリア形成もそうだが、現場の管理者が仕事を通じて社員と共に考えながら将来を描くのもキャリア形成である。管理者に認識して欲しいのはこの点である。専門的な職業であれば毎日の仕事が専門性を高めることにつながるという発想ができるが、そうでない職務の場合には、それを通じてキャリアとは結び付けにくいという見方をしがちである。例えば、営業の仕事をしている、この仕事を通じてこれからどのようなキャリアを積んでつくっていくか、そうするとその先にどのようなキャリアの選択肢があるか、というようなキャリア成長のイメージは管理者自体に乏しいことがある。それでは営業をしている社員にその仕事の目的だけを動機付けても将来展望は見えない。

これはどんな職務にも言えることである。良い会社でいい仕事をしているのに、上司自体の目的観やキャリア観が薄いような状態であれば、離職が絶えないことは不思議ではない。社員がこの先の自分のキャリアをどう考えるかまで縛ることはできないが、この会社のこの仕事で見えてくるキャリアをクリアにすれば日々の仕事の意味の見出し方も変わってくるし、それが契機でその職務に本人が本気になることも大いにある。

○経営者視点から見た課題

・実社会で仕事を通じて鍛えられ、経営に携わるようになって自分自身の勉強の必要性を感じると共に、社員にも勉強するようにいつも言っている。社員の中にはキャリアの大切さがわかっているものもいるので、勉強する社員が辞めない会社になりたい。

・日々の仕事を通じてキャリアということを考えるようになってくれれば、会社の中にいくらでもチャンスがあるし、チャンスを与えることもできるが、会社以外のキャリアを会社が支援すると言っても簡単なことではない。それも普通になる時代がいずれ来るかどうかはわからないが、現時点では、今の仕事の先にどういうキャリアがあるかを共に確認し選択できるようにしたい。

・キャリアというのは本当に大事だと思う。育った人材を見ると、当時、キャリアという言葉を意識して経験させたわけではないが、育った歴史をたどってみると一つひとつキャリア形成につながっていることに気づいた。やはり人を育てる意味で、意識してキャリアをつくらせるというのは必要なことだ。

○幹部・管理者視点から見た課題

- 自分自身のキャリア開発の必要性を痛感しており、これからのことを考えて学習はしているが、それでは追いつかないというのが正直なところ。自分が先のことを考え直して実行して、その上で部下にも言わないと気が引ける。
- 自分の反省から社員にも話してはいるが、本人の実感が今ひとつで、どうしたらキャリアを意識して踏み込んで学んでくれるかが課題になっている。多分、全社的な動きにしたほうが、やらないといけないという気になるのではないかと思う。
- キャリア形成をしようという社員は仕事もほかの人以上に頑張るが、普通の社員は関心がないこともないが今すぐという感じもない。仕事がなかなか手間取っている社員はキャリアの動機付けも今ひとつである。

○社員視点から見た課題

- キャリアについて考えていないわけではないが、今の仕事を続けながらその先を考えれば、役職に就くというイメージしか見えてこない。今の仕事と関係したキャリアというよりも、それとは別にキャリアを考えたい。

・自分はキャリア形成を考えているが会社には話していない。会社とは違うことを考えているので知られたくないというのが本音だ。だからと言って仕事をいい加減にする気持ちは全くないし全力でやっているつもりだ。

・キャリアに関してはっきりとした制度にしてもらったほうがやりやすい。何でも相談して欲しいと言うが、相談しなくても制度を利用できるようにしてもらったほうが活用すると思う。相談というといろいろ面倒なことを言われるので、やめとこうと思う。

○成長課題と仕組みの例——キャリア形成の施策を具体化して明示する

1つ目は、社内における社員へのキャリア支援施策を明確にすることが必要である。そのキャリア形成は、社内という視点で考えれば、まず、仕事の展望である。これから先、この仕事をしてどのようになっていくことができるかである。ある企業ではキャリアマップを制作しているケースもある。それも人事部がつくるのではなく若手がチームを組んで自分たちの先々の可能性を自由に描かせている。そのためにメンバーはいろいろなことを調べて組み立てている。このプロセスがキャリア意識を高めて現在の仕事のあり方を見直すきっかけにつながっている。

2つ目には、会社は選べても部署と上司は選べないものと固定化せず、その選択が可能になるようにすることは大事である。この点は、配置・配属は会社が決めるものという人事の前提は、それはそれで適性や成果を見て判断しているが、主体的になるという点で言えば、自分が選ぶ、という意思決定過程に意味があるので、それを認めることも大切である。実際に行われているケースも多くなっているが、希望先で上手くいくかというと、組織風土がそのような考えに馴染まない場合は上手くいっていない。

3つ目には、部門間相互に短期間の部門交流として他の部門で実際に働くということは比較的行われている。人材が元の配置に戻るという想定なので比較的上手くいっている。

4つ目には、その仕事の次のステージとして何があるかについて、会社が想定して示すこともできるが、キャリア形成のための課題としては、経営層・役員・人事部・管理者によって、本人にとってどんなキャリア形成が良いかについての意見が多少違うという点がある。管理者としては、現場の人事という視点から言えば、キャリア形成についての制度を明確にしておいて、キャリア面接が進められるように組み立てて人事スケジュールに組み込むことが重要であるし、本人の申告や管理者の申告で、それがいつでもできるというフレキシビリティに最も意義がある。

また社員だけでなく管理者や幹部も、働く期間は今以上に長くなる「人生100年時代」になるので、自分のキャリア形成について考える機会を持つことは、部下のキャリア形成に関わるという意味で必要なことである。それぞれの年代でキャリアを共に考えて初めてキャリア観が育つと思う。キャリア形成は企業が中高年齢者以上の人材群を活かしていく上でも重要な人事施策になる。

⑦基本行動のフェーズ……人と組織の基本

○なぜこのフェーズが必要なのか

基本行動とは、挨拶・礼儀・認識即行動・報連相・整理整頓清掃・後始末・気配り・心配り・身だしなみなどの社会人として仕事をする人として極めて当たり前であるが、人としての信頼形成に必須の行動を指している。この社員として、管理者として、経営幹部としての基本的な行動について、お互いに確認できるようにしておくことに重要な意味がある。基本行動などは新入社員に指導することのようだが、これが全社で徹底されていることは少ない。幹部・管理者・社員を含めて、上司の前ではするが、その目が離れるとしなくなるといった驚くようなこともある。職場の問題の原因を掘り下げると基本行動にたどり着くことが多い。

昨今の社員の考えとしては自由にやりたい、拘束されたくないなどの傾向が強いため、基本行動の部分が弱くなっている傾向にある。**例えば私が全国で訪問した企業の社員の基本行動のレベル差は相当なものである。しっかりした会社という印象の背景には基本行動の出来映えに大きな要因がある。**上司の基本行動の実践が部下に投影しているのである。しっかりした会社は、上司がまず「自ら実践する」会社である。

○経営者視点から見た課題

・経営をしていて自分として気をつけている点であり気づくたびに指導している。人の信頼の基本であり、お客様から「さすがおたくの社員は違う」と言っていただいているのはこの基本行動の徹底のおかげだ。

・これを社員全員ができるようになったらすごい会社になるだろうと想像がつく。大変なことだと思うが徹底するようにやっていく。これを意識して教育するようになって会社が変わってきた。

・基本行動は、幹部では理解がズレているとは思わなかったが、改めて討議してみると理解がばらついていることがよくわかった。これでは基本行動が浸透しないはずだ。まず、基本行動の内容の意味を固めたい。

○幹部・管理者視点から見た課題

・基本行動の大切さはわかっているし、徹底するように言われているが、口うるさく言うことになるような気がしてそこまで言い続けられない。

・振り返れば、社員が成長したと感じるのは、基本行動ができなかった社員ができるようになった時だと思う。

・管理者が何も言わなくても基本行動を先輩から後輩に指導してくれるようになると良いのだが、もう少し時間がかかるように思う。早くそうなりたい。

○社員視点から見た課題

・初めは窮屈だと感じたが、お客様の前に出るようになって挨拶を褒められてから基本行動の大切さがわかるようになった。

・働く上では大切なことだとは思うが、体育会系のような感じもあって抵抗がないわけではない。ただ気配りされて嬉しいと思うようなことを経験すると、そうとばかりも言っていられない。

・新入社員が入って来た時に、自分が初めに教えたのが基本行動だったが、教えながら大事なことだと改めて思った。

○成長課題と仕組みの例――基本行動の内容を明示し、研修で学び、評価する

まずは組織の中に人として必要な行動の共通基盤をつくること。これは基本行動を行動指針として社内に明示することが第1段階である。その内容は、例えばビジネスマナーに始まり新人から経営層に至るまで活用する項目に至る。報告連絡相談・お客様との会食・クレーム対応・ハラスメント・社員への注意や叱責の仕方およびモチベーションサポート・守秘義務・ドレスコードなどが含まれる。

第2段階として、これら社員・管理者・幹部なりの基本行動について学ぶために研修に組み入れる。基本行動は社員だけではなく管理者・幹部・役員に至るまで人の上に立つ者として必

要なことを明示する。これを全社で徹底することで充実してくると会社の品格が変わってくる。長年の仕事の中で染みついた感覚から発せられる言葉があらゆるハラスメントに当たることについても留意しておく必要がある。この基本行動は単なる行動マニュアルではなくお互いの信頼関係に関わることである。

第3段階として、基本行動の実践度合いを相互チェックして年に数回数値化する。**赤字企業は例外なく共通して基本行動が崩れている。**業績と基本行動の相関関係はデータにも表れる。企業の特質として経営者の意思が伝わりにくい企業か、社員が自律的な意識のある企業かは基本行動と相関関係にある。

3　7つのフェーズを活かして活力ある組織にする

フェーズの活用が積み重なることの効果

現場の人事力として挙げた重要な7つのフェーズについては、管理者が社員に対して縦横無尽に活用できるように仕組み化をする必要がある。それがなされていないと、管理者は経営層からこうしなさいと指示され、幹部からはこの方向性で動けと言われ、人事部からは人事部としての方針が示されることになる。全く同じことが立場の違いでバラバラに指示があるようなこともあり、どの立場からの指示も組織の筋であるから実行しなければならない。

このような現場の混乱を防ぐためだけではなく、7つのフェーズが経営者・経営幹部・人事部・管理者に共有できていれば、管理者は現場で社員の成長を促進するプラットフォームを活用して人事マネジメントを安心して行うことができる。また、人事マネジメントの方法がわからないということもなくなる。このインフラを駆使しつつ都度の指示を入れ、管理者からも提案し改定も行うことができる。それは管理者が役割を果たす上で必要な主体的になる環境づくりもある。

この7つのフェーズは管理者によって各フェーズが相互に関係しながら活用されていくと人事的な諸課題への柔軟なマネジメントが可能になる。部下の指導育成のポイントであり、同時に現場の問題の改善および解決の指針となるので管理者の人事マネジメントのポイントとなるのである。

7つのフェーズの活用が積み重なっていけば、人事マネジメントの判断軸が安定し、いろいろな部下の個別的な対応もできるベースになり、出てくる意見にも対応することができる。そして一般的に管理者の役割と言われている内容を横断的にカバーする効果が出る。例えば、管理者の役割として業績管理・業務改善・人材育成・職務品質管理などがあるが、これらの役割は相互に関係しているものである。その役割を遂行する場合に、業績は業績だけの検討にとどまっていては成果が出ないので、業務改善・職務品質・人材育成ともつなげながら役割を果たしていくことが求められる。他の役割も同じである。

１つの役割はその１つだけで遂行できるわけではなく、相互に横断的に関係させる必要がある。むしろ関係させないとそれぞれの役割の効果は出せない。その際にこの７つのフェーズはそれぞれの役割に横断的に共通することなので、従来からの役割を縦として捉えると、その全部の役割に横断的に組み合わせて活用することができる。管理者のマネジメントに、今までにない判断の指針ができることになる。次第に現場の体質が変化してくる。判断すべきことを放置したままになって後手に回るようなことが少なくなり、結果として現場が成長する。

７つのフェーズのうちのどれかはできていることもあるが、これらのフェーズに関しての方向付けは十分に対応できていないことが多い。例えば、経営理念・経営フィロソフィの浸透に全社の研修も時々ではあるが行い、部課でも浸透に努力しているとする。それを学んでいる社員は、正しいことを学んでくるにしたがって社内の諸問題についても正しさを求めてくる。人事考課の不公平さ、働き方の課題などにつながっていく。そうなった時に7つのフェーズについて方向性が示してあれば、管理者はそれに沿った応答ができる。その判断は完璧な答えにはならないかもしれないが一定の対応はできるし、同時に管理者の主体的判断の素になる。

また、経営理念浸透に努力していても、残念ながら基本行動は今一歩ということもある。理念の浸透が基本行動にまでは表れていないのである。理念浸透は継続して行うものの、基本行動はこれはこれとして学習し実践を共有化していかないと、そう簡単に理念として掲げていることが社員の行動には転化しない。現場では、理念が浸透していないから基本行動の問題が起こっているというよりも、基本行動そのものの学習と徹底が足りないから問題が起こり、その問題を敷衍していくと経営理念の浸透に至っていないということである。

それぞれのフェーズの密接な関係

現場の管理者の重要な役割の一つに部下との人事面接があることは前述した。これは人事面接ということだけではなく、上司と部下の面接という点で考えると、コミュニケーションにも関係し、人材育成にも関係し、キャリアにも関係する。どのテーマであってもカウンセラーやコンサルタントとしてではなく管理者として面接をするわけだが、面接をする場合にこの7つのフェーズとして掲げている内容を活用しながらする必要がある。コミュニケーション、キャリア、人事考課、人材育成のどの面接であっても内容はすべて関係しており、これらを意識して内容を組み立てる必要がある。

さらに、働き方改革の一つである働く場所・時間が多様化して、同時にそれを活用している社員の価値観もいろいろである。今後、働く場所や時間の多様化が進展していくと、コミュニケーションについても新たな課題が生じてくる。管理者が自宅で勤務している、チームメンバーが1週間お互いに顔を会わせない、などは普通になるだろう。そうなっていった時にコミュニケーションのあり方をどのように考えていくかは明確だろうか。

多様な通信手段が今以上に登場してくるが、手段方法の問題だけでなく、コミュニケーションということについての基本を管理者が理解しておく必要がある。つまり顔を会わせていてもコミュニケーションがない弊害もあるし、顔を会わせなくてもコミュニケーションが良好ということがあるのである。そこに現場で管理者が方向付けしていかなければいけない課題があって、7つのフェーズの相互関係性が必要なのである。

別の例で言えば、コミュニケーションの機会もそれなりにあって、人材育成も行われてはいるが、中堅クラスの離職が社員数の割には多いことがある。離職理由は、今やっている仕事の将来が先輩や上司を見ていると見出せないことである。キャリアの渇望は、コミュニケーションの機会が多くあっても埋まらないのである。管理者としては、自分なりにコミュニケーションもしてきたはずだが、キャリア形成という点では方向付けを共にすることはできていないのである。このように考えると、部下である社員のこれからについて、その人にとって何が育成と成長の契機になるかが簡単には見通せないのが実情である。別の見方をすると、人事のマネジメントでこれから鍵になるのは「個の対応」（社員一人ひとりへの対応）が求められるということである。これは、社員の成長のために、全社の人事デザインとして考える必要があり、同時に、現場の人事デザインとして具体化する必要があるのである。

また別の例では、人事考課の考課基準を改定し運用してみると、考課結果が高い評価の社員、低い評価の社員という結果が、毎期、同じように続くことがある。この両者の課題は全く違うのである。高い評価の社員は、仕事で成果が出せているので、これからの仕事のあり方が大きな課題である。つまり、これからどのような仕事に向かい合っていくかという意味でキャリアというものが重要になってくる。低い評価の社員は、職務教育として知識・スキルを見直さなければならないだろうし、基本行動にも課題があることが考えられる。管理者も何とかしなければいけないとは思うものの、人事考課を繰り返しているだけではこの課題は改善されないかもしれない。人事考課の結果の高い人と低い人で課題を捉えたが、一人ひとりの成長のために7つのフェーズが深く関係するのである。これは同時に管理者としての人事マネジメントの課題そのものである。

さらに別の例では、人材育成として人材教育を行う場合に、社員一人ひとりの働き方が関係してくる。今後、正社員、フルタイム勤務で同一研修という形態がとれるとは限らないため、研修のあり方から考えていく必要がある。同時に、それはキャリア形成にも関係してくることである。管理者が社員と共にこれからの成長を考えることが重要であるから、7つのフェーズに基づく指針がないと一人ひとりへの的確な動機付け・方向付けができないのである。

7つのフェーズは管理者自身の主体性も引き出す

これから「人事のハードルの高い時代」を迎えることを考えると、一つひとつのフェーズの内容を整えていくことは重要な経営戦略であり人事戦略である。つまりこの7つのフェーズのインフラを整えて「現場の人事力」が好循環のサイクルに入ると、現場は変化してくる。また社員をモチベートできるきっかけが幅広くなるので、一人ひとりに目を向けていけばそれぞれに主体性が出てくる。管理者も成長することができる。

ある企業で、管理能力に課題が多いと言われていた管理者がいた。彼の部下が自分の担当先で困難な問題を起こしてその対応に努力をしていたが思うようにいかず、自信をなくしかけて退職してしまうのではないかという出来事があった。管理者はその問題について前面に出て対応・奔走し、問題を解決の方向に動かして乗り切った。部下はそのことに非常に感謝して頭を下げてお礼を言い、管理者は良かったなと嬉しそうだった。その後、管理者は、目つき、仕事への意欲、言動まで変わって、それまで部下に遠慮して言えなかったこともはっきり言うように変化した。**人は変わるものである。管理者として危機を乗り越えた自負のようなものが彼を内面から突き動かしたのである。**

このように管理者が変わったのは管理者固有の努力もあるが、それだけではない。その企業は、今まで人を育てる下地づくり、つまり人材教育、コミュニケーション、人事面接など7つのフェーズに該当することを辛抱強く地道に行ってきたことが下地となっているからこそ、管理者が自己革新とも言える結果につながっているのである。こういう下地がなければ、同じ出来事があっても、単に一つの出来事で終わったことだろう。社員は担当者として責任を追及され管理者は管理の責任を追及されて、それで終わりというのが通常である。管理者の自己革新など考えようもない結果である。この下地が現場の人事デザインであり、その効果が現場の人事力である。

組織というのは動かそう動かそうと思って取り組んでいてもなかなか動かないものだが、ある段階に来ると不思議なもので組織が自律的に自在に動いているような感覚になることがある。

細々とした行動については逐一指示しなくても個々人が自身で判断して動くことができ、効率的に動くことができてロスは少なくなり利益率は当然上がる。管理者は未来の売上・利益に直結する指示が出せるようになっていくので利益に寄与する。なぜそうなったかについてはさまざまな要因があるが、現場の人事力を生み出す7つのフェーズのつながり効果が発揮されてくるとそうなると断言できる。

4　「現場の人事力教育」によって気づきを深める

経営層・幹部・管理者の「人事のベクトル」を合わせる

この7つのフェーズによって現場の人事力を発揮する仕組みを、私は「現場の人事デザイン」と呼んで組み立てた。今までの人事システムという着想から現場で動かせる現場のための人事をデザインし創造するという点に着想した。7つのフェーズをその企業で組み立てるにはポイントがある。この現場の人事デザインは、現場の多様な課題をあぶり出してそれを各フェーズの課題として整理して、次に、それに対してどのような施策や指針を組み立てるかを検討する。そのプロセスには今までの制度や仕組みを脱して新たな施策や仕組みを考えなければいけない。組み立ての基本的なフローは次の通りである。

①「現場の人事デザイン」プロジェクトチーム結成
②「現場の人事デザイン」研修
③「現場の人事デザイン」基本構想の設計
④「7つのフェーズ」の課題の洗い出しと方向付け、内容討議
⑤「7つのフェーズ」完成……自社オリジナル「現場の人事ノート」に仕上げる
⑥ 管理者への説明会
⑦「現場の人事力」について管理者教育研修の実施

ここではそれぞれの段階について、簡単に説明しておきたい。

①「現場の人事デザイン」プロジェクトチーム結成

7つのフェーズを組み立てる際に、今まで述べてきたように人事が経営者マターになってきていることを考えて、部門横断的な幹部・管理者によってプロジェクトを組むことは有効なプランである。これを組み立てる過程の議論は、全社的な視点と現場視点と会社の将来的視点で討議する必要があるため、幹部・管理者育成には極めて意味がある。

全社的な経営最適の視点というのは、それを考えなければいけない立場に立たされないとそのように思考しないものだとつくづく思う。また、組み立てた後の運用を考えるとこれらのメンバーが運用のコアメンバーになる。このプロジェクトには、経営者は必ずメンバーに入っていただきたい。このメンバー間の共通認識ができる過程は、まさに企業が体質的に変化するプロセスである。これは私自身も実務的に何度も経験している。

もう一つの方法として、次の世代まで範囲を広げて「未来を担う経営チーム」を設定するというやり方もある。まさに次世代の主要メンバーが自由に発想して討議していくと、今まで見えていなかったことがお互いに見えてくる。また、このメンバーになることで、問題意識が高まる効果がある。面白いほどである。このメンバーの意識が全社視点に近づくことは間違いない。

ここでは2つのプロジェクトによる方法をご紹介したが、現実的という意味では前者、未来教育的視点では後者だろう。両方で取り組んでも効果がある。

②「現場の人事デザイン」研修

これはプロジェクトチームに対して、目的・内容・効果について共通の理解をつくるものである。この制度が自社にとってどのような意味があるかの共通認識をつくると共に、プロジェクトメンバーが、完成後の運用では、仕組みを社内でリードするコアメンバーとなるので、その動機付けの意味でも重要な研修である。この研修では、オリジナルテキストを使用する。これは現場の人事デザインを設計するために活用する実践的なツールであるが、この活用によって討議もしやすいし理解も進む。

③「現場の人事デザイン」基本構想の設計

これは、研修後にメンバー同士で自社の現場人事についての構想をディスカッションするものである。メンバーが自社の将来についてどう考えていて、何をすべきと考えているかの意見が出てくる。みんなそこまで考えているのかと経営者が感動するような場面もあるが、逆の場合もある。しかし、問題を曝け出すというのは良くなる前提である。

この基本構想を討議すれば「本当にしっかりした仕組みをつくれば会社が良くなるだろう」というイメージが湧いてくる。本書で掲げた７つのフェーズの項目を再編成する企業もある。それは企業の実情による。

④「７つのフェーズ」の課題の洗い出しと方向付け、内容討議

ここではそれぞれのフェーズの課題を洗い出し尽くす。そうすると各フェーズで共通していることが見えてくる。それが現場の人事の課題の根っこである。この課題にみんなが気づく意味は大きい。

それを踏まえて、一つひとつのフェーズについて、プロジェクトメンバーで内容を討議していく。各論から総論までさまざまな意見が出てくる。それを聞いていて人事部が驚くことが多い。いかに自分たちが実態を知っているようで知らなかったかという点である。この討議には時間を要するが、意味のある討議である。

⑤「7つのフェーズ」完成……自社オリジナル「**現場の人事ノート**」に仕上げる

完成は、オリジナルの「現場の人事ノート」として仕上げる。運用が始まると、この「現場の人事ノート」に管理者一人ひとりが学習したことや実務で気づいたことを書き加えていくことで、自分固有のマネジメント・ノートが出来上がる。これが将来的にはその人の経営ノートになっていく。その意味で、このオリジナル「現場の人事ノート」の完成は大きな意味がある。

⑥管理者への説明会

これは管理者全員への説明会である。質疑応答では多様な意見が飛び出すが、その内容よりもプロジェクトメンバーがこれをつくる過程で感じたことの発表は非常に意味がある。管理者としてこのプロジェクトに入ってつくり上げてきたことによる成長を実感させる瞬間である。

⑦「現場の人事力」について管理者教育研修の実施

現場の人事デザインを進めて完成した後に運用することになるが、単なる仕組みづくりで終わらずに効果を出すために実践的な教育である「現場の人事力教育」が必要になる。

この教育は、7つのフェーズの一つひとつについて、前述したような目的や内容が企業固有に組み立てられているので、それを学習する。ここではそれぞれの管理者の課題も出てくるので、何が良くて何を変えなければいけないのかを実務的な視点で学ぶ機会になる。

できている管理者も、成長途上の管理者も、なりたての管理者もマネジメントの悩みは尽きないが、向かい合うフェーズは同じなので、みんなで討議をしていると固有の経験や悩みが出てきて共有されてくる。研修効果として、通常の研修よりも情報交流が増して管理者相互の関係にフラット感が出て気づきが増してくる。そうすると、管理者が「実践してみよう」という意識になるため、現場に変化が起こる可能性が高まる。潜在能力が内部の相互刺激で表に発揮されるのである。

仮にそれで問題をクリアできたら、クリアして一人の経験で終わらせるのではなく、7つのフェーズに関して討議したことを整理して形式知にする。それを、今後に活かすために情報ソースとしてシステム化するのである。実際に問題の渦中にいる時には、その管理者にとっては大きな問題であり、それを解決した直後には大きな経験知になっているが、過ぎてしまうと一つの記憶でしかない。そのため他の管理者にはこの経験知は伝搬しないものだが、情報化をすれば人事マネジメントの伝承性を高めることができるのである。

また、この現場の人事力の教育は、「管理者としてこうあって欲しいという姿」を、身をもって気づかせることになる。特に、社員への関心の持ち方を変える。**心理的無関心は、マネジメントの大きな壁である。**その必要性を口酸っぱく話すだけでは実行は難しいが、体系的に、自分、部下、チームと7つのフェーズの関係性について対話しながら理解をつくっていくと、その必要性が理解できる。

例えばコミュニケーションの目的・手段方法・効果などを7つのフェーズの1つとして理解し、その上で現場の人事力教育の中で管理者で討議し、気づきを深めてその意味がわかれば、実行することができるのである。

さらに現場の人事力教育は、管理者以上の役職者層の問題意識が共有されるので人事のベクトルが見事に合ってくる。

人事のテーマは個別性があり判断に多様性があって、答えがあるようでないようなことが多いが、この仕組と教育によって同軸で討議ができるようになる。そうなれば部下への対応の軸もブレやズレがなくなるため、部下から見る人事は安定したものになる。

現場の人事デザインのコンサルティング・フローについて

本書で示した「現場の人事デザイン」の基本フローは次ページ図表4の通りである。日々、変化していく「現場の人事デザイン」の詳細については、当社のウェブサイト(http://www.suenaga-keiei.co.jp/)で情報発信をしていく。現場の人事デザインのコンサルティング・フローの解説や事例紹介、セミナー・講演情報を定期的に更新していくので、ぜひチェックをしてほしい。

また、当社のウェブサイトからは、「現場の人事デザインによる現場の人事力の創造」というチャート図が無料で入手できる。現場の人事力を構築する上で、ぜひ活用していただきたい。

図表4　「現場の人事デザイン」の
　　　　コンサルティング・フロー

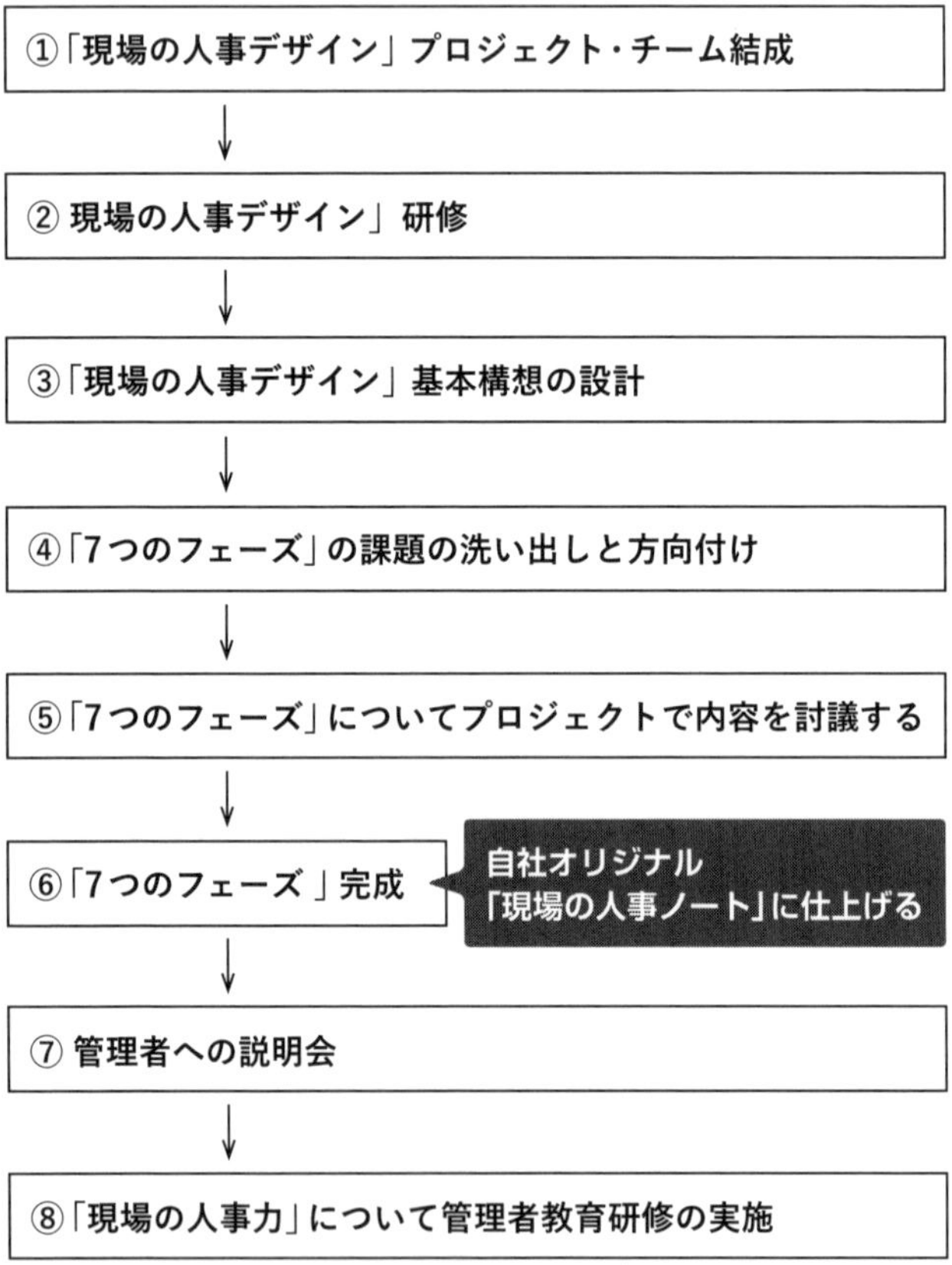

※ 上記は基本フローであり、実際は各社に応じてカスタマイズしている

終章　強くて優しい会社をつくるために

経営にはさまざまな仕組みがある。その仕組みには、それが組み立てられた基盤となる思想があるはずである。仕組みを運用するには、まずその思想を理解することが重要である。

1 人を活かす仕組みは「組織風土」まで変える

組織が進化していく過程

現在の組織に、ある仕組みを入れたとする。その組織にはどれくらいの運用力があるかわからないが、その仕組みを何とか根付かせようと努力する過程で思想の理解が進み、組織に力が蓄積され、風土まで変えていくことがある。

例えば人事制度を改定するとする。改定にあたっては、2年後に人事制度が軌道に乗ってこのような組織になっていたいという目標があり、その計画と展望の下で制度が整えられる。制度ができて運用が始まる。初めは軌道に乗せるのに苦労して課題をクリアしながら運用しているうちに、会社にいろいろな変化が起きてくる。管理者の理解ができてきて言動に変化が出てくる。人事制度について全く理解していなかった管理者が、説明会から人事考課の理解、人事面接の実行など、初めてのことばかりだが、研修会でメモを取ってそれを素直に実践し、さまざまな部下の反応を人事セクションにフィードバックして教えてもらう。この間に大きな意識の変化がある。また、思うように指導できない部下について、研修で悩みを曝け出したらみんなからアドバイスがあって、その内容もさることながら、みんなの気持ちに感動して言動が改まることなど数多ある。

そうした管理者の意識の変化に伴って社員も動きが変わってきて、主体的な現象がボツボツ出始める。例えば、これまでは仕事のプロセスに問題があったものの管理者から言われるまで何もしなかった社員が、そうした問題を自分たちで見つけて改善するようになった。あるいは仕事の工程の中で必要な部品・備品を何でも買ってくれと会社に頼むのではなく、自分たちで手づくりしたので買うお金がいらなかったと喜んだりするようになったといったことがある。管理者が毎月社員への勉強会を手づくりのテキストで実行して実際の仕事と結び付けて教えて成果を出している例もある。会計の重要性を感じた幹部が、簿記の学習会を進んで開催して社員が何名も合格している例もある。チームの中でコミュニケーションを取りなさいと言われなくても、また会議でなくても自然と2～3人で集まって後輩を育てる方法について話し合ったりするようにもなる。この主体的な行動の現象は社員全体に大きな影響を及ぼしている。それは間違いなく波及するのである。その積み重ねがコストであったり業績につながらないはずがない。

仕組みを根付かせる中で、このようなことが実際に起こる。数年後には組織自体に変化が現れて、従来であればクリアできなかったような問題やハードルを越えることが自然とできるようになる。それに連動したように幹部会や管理者会議、部課の会議での発言が良い方向に変わってくる。むしろ、経営者が、どうしたんだとニコニコして言うぐらいである。これは「組織が進化した」ということである。つまり、**仕組みの運用過程で組織の風土まで変化してくるのである。**

私はこれまでいくつもそういう例を見てきた。これで業績に変化が出ないはずはないし、仕事の品質にも改善が表れる。リーダーの言うことが変わってくる。不思議なほどである。だから経営の仕組みは重要なのである。

この例とは逆に、例えば、大企業で先進的な人事制度を入れるという報道がある。そうしたニュースに接して、多分、数年後にこの経営はおかしくなるだろうなと勝手に思うことがある。その経営を外部から知り得る範囲でしかないが、その人事制度のベースの思想は逆に現場を荒らすのではないかと思えてしまう。なぜなら風土には合わないと考えるからである。人事の仕組みは経営に先行するという考え方に立てば、その仕組みが経営の良さを崩してしまうこともある。数年後、現場の競争力が落ちたという報道を聞くと、やはりそうだったかと思うのである。全くもって勝手な推測でしかないのだが、影響の大きさを考えると残念である。

私は、経営の仕組みというものは経営そのものを左右すると考えている。これからは人事が激動の時代に入る。特に採用・育成・定着・処遇のどれを取っても従来とは異なる発想で取り組まなければならない。その仕組みが現場の動きを良くも悪くもする。

風土が文化へと昇華する

組織には固有の風土がある。例えば人材育成の風土は、つくり上げるのに最低10年はかかる。人を育てる努力をして、人が育ってきて初めてそれが風土になるかどうかであるから、むしろ10年は早いほうである。さまざまな努力によって人が育ってきたと感じる段階が来た時に、過去を振り返ってみると10年の時間がかかっている。その風土がずっと持続していけば組織に文化ができる。**組織の文化とは「そうすることが当然という善なる出来事が非凡に行われ伝統になっていること、もしくは伝統になりつつあること」**である。

ある企業で社員数名が主体的に、朝、門のところに立って挨拶運動を始めた。全く会社からの指示はない活動である。こうした取り組みは、人材育成や基本行動といったものが会社に浸透し始めている証である。これらの主体的な活動はさまざまな仕事の場面に連動して表れている。この動きは今までなかったものであり、他の社員の動きにプラスの影響が出てそれが風土として根付いてくれれば、早晩、企業の文化になる。

ある企業では、お客様のためにという一点で部門間の連携について妥協せずに討議をして成果を出し続けている。ここでは目的を持った部門間の討議はもう当たり前である。こうなるまでには現場の一つひとつについて目を逸らさずに討議し長い時間を費やしている。会社によっては、他部門といえば違う会社かと勘違いするくらい仲が悪いことがある。お客様のことよりもまず部門の利害で対立してしまうのである。**真正面からお客様のためにどうあるべきかを部門間で妥協なく討議する姿勢を見ていると、「経営理念の浸透」というのはこういうことだと実感する。当然に業績は大きく伸びている。利益率が業界の平均をはるかに凌いでいる。このような体質の変化は利益率になって表れる。この当たり前が持続して組織風土が組織文化に育ってくる**〈図表5〉。

社員が目標を達成することが当然という組織がある。ここではなぜ達成しなければいけない

図表5 「現場の人事力」はいかにして発揮されるか

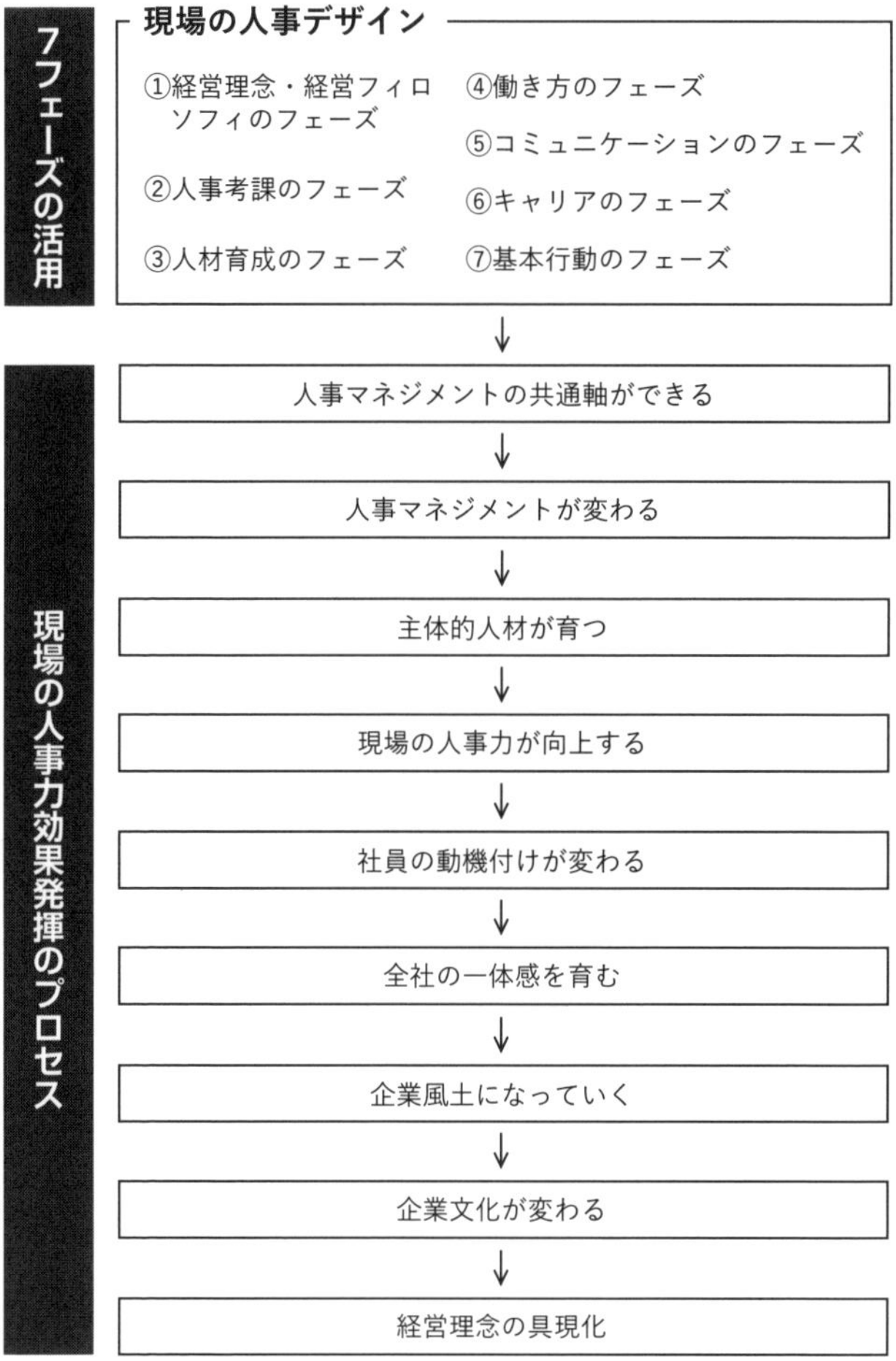

のかという反対意見はほとんどない。強制されているからではなく、長い時間をかけて達成し続け、また対話し続けて、次第にそれが当然という考え方が定着したものである。それが組織の文化である。

組織文化というのは、他社では決してできないようなレアなことを「当たり前ですから」と言って成し遂げて結果を出しているために取引先やお客様にも感動を呼ぶのである。

2 あなたが今日からできること

本書の最後に、変わり続ける時代の最先端で闘う経営者・幹部・管理者・社員の方々それぞれに、私から成長への示唆と共に激励のメッセージを送りたい。これは私の35年の実務経験を通して感じている敬意を込めた思いである。

経営者の方々へ

経営は経営者の哲学で決まると思います。その哲学は経営者の生き方そのものです。言い方を変えると経営者の生き方の哲学が経営の理念となっています。優れた経営者ほどシンプルで崇高な信念を持っています。そして、それを本気で経営という実践の中で活かしています。この本で提起した「現場の人事力」は、人材育成を真剣に考えている経営者に取り組んでいただきたいテーマです。これは私の実務経験から発想し、経営のために考え抜いて組み立てました。

毎日が人の悩み尽きずだと思います。経営のどのテーマを取っても人が課題です。本当に経営者には頭が下がります。人の問題にへこたれることなく、自分のことより社員のことを優先し、それが当然のように振る舞い、食事を御馳走し、個人的な悩みに親身に相談に乗り面倒を見る。それが報われることも報われないことも経験しながら、それでもなお人を育てることに情熱を持ち続けています。私が今までご縁をいただいた経営者は、皆さんそのような方ばかりです。

例えば、普通であればもう成長を諦めてしまうような人材と話す時も、言葉では厳しく言いながら陰では何とかわかって欲しいと切に願っています。ギリギリまで理解をつくる努力をしながらその人材の気づきを待っています。会社を辞めると言ってきた社員にも内心はともかく、ニコニコしながら応対して、これからも頑張れと励ます。辞める社員はそこで初めて案外良い会社だったと気づくことがあるものです。今まで試行錯誤を繰り返しながら育ててきた社員でも、辞めて社会で役に立ってくれたらという思いで送り出しています。人で苦労してきた経営者ならほとんどそうだろうと察します。

しかし、申し上げるまでもなく、経営者ほどの考え方で人に対応できる人ばかりが組織にいるわけではありません。そうした人材は数人いればいいほうだと思います。その点をさまざまな角度でカバーするものとして人材に関する仕組みがどうしても必要になります。それがなければ経営の公平性や透明性を高めることができないからです。経営者の意思を表現したものが経営の仕組みという制度です。人材に関して多様な対応が必要な時代、経営の現場を担う管理者や幹部の方々がそれに適応できる経営にしていくことは改めて申し上げるまでもなく重要です。その意味で現場の人事をデザインして現場の人事力を効果的にする必要があります。現在の業績を伸ばしながら同時に改革していくことは業績が良い時でないとできないものです。現場には改革のハードルが高くなりますが、だからこそ、それができた時には大きな飛躍があると思います。

経営で大切にしている価値観を組織に浸透させることは生易しいことではありません。しかし、それは伝わるものです。経営者を取り巻く幹部の方々はそれが伝わっている方々でしょう。しかし、そこからさらに次の管理者や社員に浸透しているかとなると疑問です。現場に押し寄せている変化は並大抵ではないだけに、今までとは違う難しさがあることは申し上げるまでもありません。人材に関する仕組みの最適性を判断するのは経営者の役割です。

次に、この仕組みの効果を高めるには仕事の仕方も見直していく必要があります。スポーツ界を見れば、コーチ陣に優れた外国人を招いたり、科学的に立証されたトレーニングやアドバイスをしたりするように変わってきています。その影響によって成果が変わっていることは否定できません。トレーニングの仕方が大きく変わったから成果が変わったのだと思います。スポーツと仕事は違いますが、本質を奥深く探っていけば通じるものがあります。その観点で自社を見た時に、仕事の仕方はどうでしょうか。経営者ご自身は工夫を重ねて合理的な仕事の仕方をしている方が多くおられます。これは次々と起こる業務をこなしていく中で組み立てられたものだと思います。こうした発想は現場の仕事にも必須になっています。仕事の仕方の不合理さは、社員のモチベーションが落ちる大きな要因です。マネジメントを変えることは仕事の仕方を変えることにほかなりません。相変わらずのやり方で成果を求めていては、現場が細ります。これからの経営は採用と育成と定着がキーワードです。ぜひとも仕事の仕方を改革してください。それこそが働いてくれている社員を幸せにする大きなステップだと思います。

さらに、役員・幹部・管理者との意思疎通が充実してくればくるほど現場は良くなります。

社員は、幹部・管理者に期待を持っていますから、経営者と意思疎通が良いことは会社が良くなると感じることができます。お互いに忙しく時間が取れないのが実情ですが、現場の人事力を高いレベルに持っていくには意思疎通の中身が鍵です。

年に2回、役員をはじめとする役職者80名と一対一の面談を欠かさない経営者がいらっしゃいます。面談内容について終わってからメモをつくり役職者の人事ファイルをつくっています。多少のことなら経営者であればやっているはずですが、徹底度合いに凄味があります。一人1時間、人数が多いと経験的にへとへとになりますが、それがコミュニケーションであり、意思疎通であり、現場掌握であり、結果として問題の事前予防になっていると言います。やはり問題は後手になる対応によって起きるのでしょう。全財産をかけ全人生をかけた経営、悪夢でうなされて目が覚め夢とわかってほっとする経営、打つ手に悩み抜く経営、経営に悩み尽きずですが、心を高める努力をされながら経営理念を目指して日夜ご健闘されていることに深く敬意を表します。

幹部の方々へ

幹部として経営を支えリーダーシップを発揮するというのは本当に大変なことであり、並大抵のエネルギーではできません。どこまでやってもやり過ぎることはなく、もうこれで良いというゴールもありません。どんなに注意深く仕事をしていても問題は起こります。今日はここまでと区切りをつけて帰ろうとすると新たな問題が起こっているのが実情です。その対応を他の人に任せることもできるでしょうが、それをやると後で問題が逆に大きくなることがわかるだけに、ご自分でもう一歩踏み込んだ対応をすることになります。皆さんのあらゆる組織の隙間を日夜の努力で埋める目に見えない闘いで会社が上手く回っているのです。

時代が変わってきています。やはりそれに適応する経営であるためには、管掌担当セクションがどうあるべきかについて考えるだけでなく、組織全体を見渡していただきたい。1つか2つのセクションの幹部というだけでなく、部門最適を超えた経営最適を実現する幹部として判断し行動することが求められます。もう一段高く俯瞰して経営を担う必要があります。組織に縦割りという壁があるのではなく、あるのは「意識の壁」です。この縦割り感が揺らいで柔軟になってくれれば経営の次元は変わります。幹部が部門の壁を越えて全体を見渡すことができるようになることは、取りも直さず幹部自身の成長につながることでもあります。

また、幹部として経営者に明確な提言をしていただく必要があります。それは、幹部にしかできない、幹部だからこそできることです。社内には取り上げるべき意見、今は必要ない意見などさまざまな意見がありますが、幹部に対して管理者や社員の期待は大きなものがあります。経営者に言えなくても幹部にならら言える、この幹部に話をすれば良くなる判断をしてくれる、幹部が必死に努力しているから自分も頑張れる、そういう管理者や社員は多いものです。

幹部は管理者・社員の上司であると共に経営者の補完者です。補完とは不完全だから補完するのです。経営者にも見えない、気づいていない点があって当たり前です。その不完全さを最小限にできれば、管理者や社員の働きがいは変わります。ぜひ経営者が気づいていない点を補完してください。

さらに管理者との意思疎通も重要です。本書では多くの変化について述べて、現場の人事力を訴えていますが、幹部が管理者に現場を任せつつもそこに潜む問題について管理者と密に討議できれば、現場の人事力のレベルが格段に上がります。別の見方をすれば、本当に現場の人事力が効果を出してくれれば幹部の存在意義は違うものになります。そうなると幹部は突き上げられる存在です。幹部よりも信頼が厚く仕事ができる人は少ないかもしれませんが、時代の変化は今までの人材を淘汰しかねません。私は現下の変化をそれくらい大きな波だと考えています。幹部なくして今日と明日の経営はありません。圧倒的な力を発揮していただきたいのです。

そのためには組織と自分の関係性についてスタンスを明確にすることが重要です。幹部として組織にどこまでも一体感を持てるようにするためには、役割の重要感が高まれば高まるほど越えていかなければいけない内面の段階があります。最終意思決定者である経営者と幹部の距離は、時として大きな隔たりになっていることがあります。これをご自分の内面の問題として捉える必要があります。つまり組織で幹部として貢献するためには、自分自身は生涯かけて何のために日夜労力を惜しまずに闘っているのか、その意義を自分自身の中に確立していく必要があります。そうでなければ経営の難事を自ら好んで背負うことは難しいです。

組織に骨を埋めると言う方がよくいます。骨を埋めると言われても、今とこれからの経営に役に立つ人材でないと未来はつくれないのです。それが一番難しいことです。そのためには自己陶冶のための不断の努力が必要です。人は何のために生きるのか、何のために組織で働くのか、これは若い社員の問題ではなく、幹部自身がご自分に問いかけて、その方向性が見えれば組織に発揮するエネルギーも大きく変わってきます。幹部の「まあ、私はこんなもんだよ」という諦めの意識からは何も生まれません。組織はあなた次第なのです。

管理者の方々へ

管理者というのは上手くいっている時はやりがいを感じる役割ですが、上手くいっていない時は悩みの深い役割です。どうしていいかわからず本屋に足を運ぶ、古典を読んでみる、精神的な修養をするなど、試行錯誤する方法も実にさまざまです。

経営から求められていることは管理者として頭ではわかっていても、それを現場で具体化しようとすると課題にぶつかります。仕事の高いハードルに方法論すら見えない、部下一人ひとりとの関係性がなかなか思うようにいかないなど多々出てくるのが日常です。経営者から、幹部から、部下から、他部署から、いつも問題を指摘される存在ですが、それは、それだけ現場の要であり経営の成果の鍵を握っているからです。現場が動くのは管理者があってのことです。このことを管理者にはぜひとも自覚していただきたいのです。管理者の人材についてのスタンスによってマネジメントの成果は大きく変化します。

管理者として経営者からは、いつも厳しい言葉ばかり言われるかもしれませんし、褒められることは少ないかもしれません。それだけ期待されているのであり、同時に経営者も悩んでいるのです。経営者は報告を通じてあなたに助言し指導したいと考えています。そして現場を良くして欲しいしあなたに成長して欲しいと思っているので、あなたからの報告に期待を持っています。しかし、報告をしに行くとそれが原因でまた叱られることもあるので、足が遠のいてしまうのです。報告した時の経営者の判断内容に強い関心を持ってください。最も大切なマネジメントの実践的学習です。ここで実力がつくのです。

幹部の方との関係については、最もあなたを理解してくれるべき存在ですが、そうとばかりも言えないでしょう。幹部は経営者から幹部としての動きを強く求められます。そうなると幹部の管理者を見る眼は、できて当然、やって当然になります。しかし、現場はあなたが握っています。現場の意見こそが大切ですから、言いなりの管理者になるのではなく意見や提案は幹部に伝えるべきです。部下からの信頼や頼りがいはこんな点にあります。

また、経営者や幹部から見れば、管理者自身が会議で反対したことであっても、現場に下ろす時に自分が納得して行動してくれる管理者はありがたいものです。反対や賛成など言うのは誰でも言えますが、それを実行する時にどのように言動するかです。

管理者として、時代の変化を真正面から受け止めて現場の人事力を高めるには、部下との信頼関係づくりに真摯に取り組む必要があります。それが大きな鍵です。信頼関係があればどのようなことも可能になりますが、それがなければどんなに優秀でも成果は長続きしません。仮に続いていても単に義務でやっているだけです。いずれ信頼関係をつくりきれないために厳しい結果が跳ね返ってきます。信頼関係をつくるためには、信頼してもらう前に管理者が社員を信頼しているかどうかです。時代が変わっているので部下の掌握にも難しさがあり、信頼することが難しい部下もいるかもしれませんが、それでも仕事を任せる必要がありますから信頼が先になります。その意味では「管理者からの信頼」がまずスタートです。難しく考えることはありません。人として大切だと思われることを真正面からやればいいのです。

そして、極めて当たり前ですが、仕事で手を抜かないことです。部下は管理者がどこで手を抜いているかわかっています。管理者として言うことと行動とのギャップが部下の最大の悩みです。そこに人格を感じるのです。目的のために真剣に打ち込んでいる、まずそれがあって、仕事を通じての逃げない対話が必要です。その中で、自分の利益のためではなく大きな意味で部下のプラスになるようにする視点を持つことです。叱る、褒める――これらは本当に大事なことなのに、相手の反応を恐れてそれができないでいるのは、未だ関心が自分サイドにある、つまり自分自身が可愛いからです。そこを、もう一歩踏み出す。また、部下が仕事でやろうという気になるのは自分の行動が認められる時です。その時、部下の目が輝くのです。忙しいかもしれませんが、働きに対して「ありがとう」という言葉や動きを認める言葉は、部下にとって嬉しいものです。それはあなたご自身が経営者や幹部との関係でも思うことです。それはご自分の不得手や苦手を越えて取り組まなければいけないことかもしれません。

そもそも何のために管理者として仕事をしているか。ご自分のこれからの昇進ももちろん大切ですが、それ以上にその会社を選び、縁があって部下になった人との関係が、後になって良い出逢いだったと言えるようになれば、その時、きっとそれまでの心の空白は埋まるはずです。仮に、管理者としてやっている時は充実感がなくても、後になって当時の部下が昇進して管理者となり、あなたと同様の体験を経て当時の行動の意味がわかることもあるでしょう。その時にあなたの心が満たされることがあるものです。

このように言えば、そんな先々のことと思われるかもしれません。管理者という役割はロングスタンスで見ておいてください。その上で毎日のマネジメントの中に部下のプラスの変化は必ずあるものです。それを楽しみにしてください。問題もたくさんありますが、プラスもたくさんあると考えてみませんか。そのためには誠意を持ってマネジメントに取り組むことがとても大切です。こう言うと、ハードルが高いように思うかも知れませんし窮屈なようですが、長い目で見ればベストな選択です。職業生活を長い目で見ると、管理者というのはやりがいがあるものだと経験的に思います。ぜひ部下との縁を育んでください。

社員の方々へ

私たちの時代は、今でいう長時間労働の中で仕事をしました。それで良かったかどうかはわかりませんが、少なくとも仕事がそれなりにできるようになって今日があります。働く時間が長い分だけチャレンジもしました。今日をつくっている背景にはこのような仕事との向き合いがあったことは事実です。その中で気づかされることは、仕事でお客様や職場の人たちに貢献できるというのは本当に嬉しいものですし、やりがいがあるということです。人の役に立つというのは本当に意義の深いことです。人間は、ありがとうと人から言われた瞬間の積み重ねで育っていきます。

働き方改革が進み、これから仕事の手段や方法など大きく変わっていくことでしょう。素晴らしい変化です。その中で仕事を通じてお客様や相手の役に立つためにはどんなことができるかを考えてください。仕事を通じて何かに貢献するというのは長い目で見て必要です。それは目に見える貢献ばかりではありませんが、お客様も周りも見ていないようで見てくれています。しかしなかなか認めるという言葉をかけてくれません。社会ではいろいろな人がいろいろな仕事をしています。その仕事に接して、あの人の応対は偉いなと気づきますし、逆に、仕事だったらちゃんとやってよと思うものです。自分も見ているし周りも見ているのです。

これからは人生１００年時代となって、働く期間、元気で生活できる期間が長くなります。75歳まで働くと仮定すると、どの年代も先々に希望もありますが、逆にその年齢まで働くのは大変だとも言えます。ただ、人の役に立つ仕事をし続けることを基本にして、その仕事の目的に向かってトライを続ける考え方を提案します。そのためには、学習の時間をつくってください。現代ほど学習しようと思えばしやすい環境はありません。学習をお勧めします。あなたの決心ひとつです。

そして、将来のことについて考える時間をつくってください。こういう時間を時々確保することが大切です。その時間で何も決まらなくてもいいのです。これからを考えるという時間を確保することに意味があります。現実は、思うようにいかないことのほうが多いですが、人生をこうだと決めてしまわずに、上手くいかなければ振り出しに戻ってみることです。元々、人はみんな、何かの使命を持って世の中に誕生したのだと思います。だからその人が持つ良いところが必ずあります。その「自分らしく」という自分の特性や能力を活かす生き方は、素晴らしい仕事と人生のキーワードだと思います。それができる時代になってきています。

私の好きな言葉に「人生二度なし」という言葉があります。この言葉を本で読んだ時にハッとしました。人生の一回性、二度ないのが人生ですから、自分らしく仕事で役に立つ、そのためにしっかりと力をつけていく、学ぶ姿勢を持つ、そして貢献する、そうなっていただきたいと心から願います。人生、そして仕事にチャレンジをしましょう。期待しています。

3　人を大切にするために理念があり、仕組みがある

強い会社と優しい会社は両立できる

本書では現在の日本の人事の底流で間違いなくパラダイム・シフトが起こっていることを捉えてきた。そして、人事に対する認識を根底から変え、新たなプラットフォームを現場と連動したものにすること、それが「現場の人事デザイン」であり、そこから生み出される「現場の人事力」であることはこれまで述べてきた通りである。

なぜ「現場の人事デザイン」による「現場の人事力」の創造が必要なのか。それは人に関するさまざまなファクターが劇的に変化しているからである。変化に先立ち、先手を打って改革していかなければ、後手を踏むと致命傷になるのが今という時代である。変化する多様なファクターに対応することで、人事における採用・育成・定着は確固たるものになる。そうなれば会社の競争力は増す。なぜなら働く人が主体性を持って取り組むからである。

主体性を発揮させるには主体性を持って働くことへのモチベートが必要である。それは賃金だけでなく、それ自体も変化してきているのである。本文中でも述べてきた「認められ感」が

大きいのである。相手を認めて自分が認められるというよりは、自分が認められて初めて相手を認められるというのが今の時代の変化である。認められ感は定着要因にもなれば離職要因にもなり、また成長要因でもある。人間は社会的に相対的な存在であるから、人から認められているかどうかで意欲は高まりもすれば減退もするのである。この認められ感への期待は人間なら誰でもが持っていることである。それを仕事で出せるかである。

残念ながら即戦力の人材に取り替え続ければ済む時代ではない。今いる選手をゲームに出し続け成長を促しながら、なおかつ勝っていかねばならない。しかし、「現場の人事デザイン」による「現場の人事力」が創造できていれば働く人は主体的に意欲的に仕事に取り組む。当然、成果が出る。そのこと自体が働く人を大切にしていることにつながる。つまり、「強い会社」と「優しい会社」は両立できるということである。「優しい会社」とは単にゆるい会社を言うのではない。働く人の個々の価値観を認め、主体的かつ意欲的に働けるようになる会社を言うのである。その意味で人を大切にする会社こそが永続できる会社である。

あとがき

人材が成長して良くなるということは、本人はもとより、その家庭すらも大きく変える。当然に経営も良くなる。この波及効果は果てしなく大きい。だから、関わった経営や人が本当に良くなっていただきたいと心から願っている。私の使命は、自分が関わる人や事をプラスにすることである。だからこそ、この仕事をしているのだと思う。

良い結果が出るようにするためには、その目的をいつも振り返りつつ、それに沿っているかどうか、それで良くなるか、もっと良い方法はないかを問いかける。こうやって考え尽くすというのは、厳しさもあるが楽しいことである。質の良い仕事をしたい、常にそう念じている。

経営者も働いている人も、目まぐるしい環境の変化を感じているが、共に働きがいのある会社を目指すということは同じである。働きがいは、与えるものでも与えられるものでもない。その仕事の中に主体的に見出していくものであり、見出せるようにするものである。働きがいを感じることができたら仕事が創造的になる。だから結果も変わってくる。働きがいのある会社にするための経営、そのための人事である。経営に役立つ人事でなければいけないと常に考えてきた。今、ようやくそれができるようになった。経営が良くなるということは本当に嬉しい。やりがいを感じる。

この本は、私が考えていること、やっていること、成果があったことを書いた。これは、私のイノベーションである。社名にイノベーションを付けて革新することを目指し続けている。経験も大事だが、その範疇にとどまっていては進歩はない。実践で成果が出たことを通じて、今まで世の中になかったものを組み立てることが必要だと思っている。イノベーションがゴールではない。あくまでお客様の成長への貢献であり、それを通じて社会に役立つことである。これからも、もっとお役に立てるように創意工夫して革新し続けていきたい。

これまで多くの経営者との出逢いがあり、現在も本当に立派な経営者の方々とご縁をいただいている。恵まれた環境の下で仕事ができているとつくづく思う。どの方も、とても努力されていて、その業界の中でも質の高い経営をされている方々ばかりで、この出逢いに感謝の思いでいっぱいである。経営者の思いと願いがわかればわかるほどお役に立てるようにしたい。それができる人間になれるように自分を磨いていきたいと改めて思う。

出版に際しては、クロスメディアグループの小早川幸一郎社長が、中山直基執行役員と共に編集のディスカッションに初めから終わりまで入って助言していただいた。古川浩司編集長および岸川貴文氏には丁寧なリードで慣れない原稿づくりをサポートしていただいた。この方々との出逢いに感謝したい。

本を出す楽しみは、執筆する過程がとても学習になること、そして読んでいただいた方に一行でもお役に立てるかもしれない可能性にドキドキすることである。厳しいご意見はこれからの糧としてより一層学習し実践を深めたい。人とも出逢いなら、本とも出逢いだと思う。お読みいただき心から感謝を申し上げる次第である。

2018年7月

末永　春秀

読者特典

〔チャート図〕

「現場の人事デザイン」による
「現場の人事力」の創造

本書で解説した「現場の人事デザイン」と、
その効果「現場の人事力」の全体像が一目でわかる
チャート図が、以下のページからダウンロードできます。

http://www.suenaga-keiei.co.jp/
genbajinji/index.html

※特典の配布は予告なく終了する場合がございます。

【著者略歴】

末永春秀（すえなが・はるひで）

株式会社末永イノベーション経営 代表取締役

1973年明治大学卒業。中小企業の労務管理支援の経験から「経営が良くならなければ労務は良くならない」と考え、経営コンサルタントを志して、1986年（株）日本経営入社。未だコンサルティングが事業として確立していない時期に人事コンサルティングに取り組み、多くのコンサルタントを育てて顧客を広げ業績を伸ばして事業化する。その後、日本経営のトップマネジメントで全社の経営課題と向き合い、「どんな問題からも逃げない」を信条に実践して今日の経営成長の礎を築いた。

2012年株式会社末永イノベーション経営を設立、代表取締役に就任。自分の社員・管理者・役員・経営者としての体験知、これまでの多くの実務問題解決による実践知、主体的な学びによる学習知を立体化して新しいコンサルティングスキームを確立し、企業・病院等で実践して成果を出している。現場と人材を見抜く洞察力を活かした課題の提起と課題の改善に向けたリードの仕方に強みがあり、経営者から高い評価を得ている。

著書『社員が自主的に育つスゴい仕組み』（幻冬舎メディアコンサルティング）。

末永イノベーション経営　http://www.suenaga-keiei.co.jp/

強《つよ》くて優《やさ》しい会社《かいしゃ》

2018年 7月21日　初版発行

発行　**株式会社クロスメディア・パブリッシング**

発行者　小早川幸一郎

〒151-0051　東京都渋谷区千駄ヶ谷4-20-3 東栄神宮外苑ビル

http://www.cm-publishing.co.jp

■本の内容に関するお問い合わせ先 …………………… TEL (03)5413-3140／FAX (03)5413-3141

発売　**株式会社インプレス**

〒101-0051　東京都千代田区神田神保町一丁目105番地

■乱丁本・落丁本などのお問い合わせ先 ……………… TEL (03)6837-5016／FAX (03)6837-5023

service@impress.co.jp

（受付時間　10:00～12:00、13:00～17:00　土日・祝日を除く）

※古書店で購入されたものについてはお取り替えできません

■書店／販売店のご注文窓口

株式会社インプレス　受注センター ……………………… TEL (048)449-8040／FAX (048)449-8041

株式会社インプレス　出版営業部 ……………………………………………… TEL (03)6837-4635

カバーデザイン　金澤浩二（cmD）

校正　小倉レイコ

印刷・製本　株式会社シナノ

ISBN 978-4-295-40210-7 C2034